Maquette : Manipages

Traduit de l'anglais par Martine Desbureaux

Titre de l'édition originale : *The Rules of Life*

This translation of *The Rules of Life: a Personal Code for a Better, Happier, More Successful Life* 01 Edition is published by arrangement with Pearson Education Limited.

33, rue Linné
75005 Paris – France
E-mail : info@editionsleduc.com
ISBN : 978-2-84899-327-0

Achevé d'imprimer en août 2009
sur les presses de la Nouvelle Imprimerie Laballery – 58500 Clamecy
Dépôt légal : août 2009 – N° d'impression : 908102

Imprimé en France

La Nouvelle Imprimerie Laballery est titulaire de la marque Imprim'Vert®

RICHARD TEMPLAR

LES 100 LOIS POUR UNE VIE **HEUREUSE**

LEDUC.S
EDITIONS

Ce livre est dédié à Miyamoto Musashi, qui m'a enseigné la stratégie de la simplicité, et à Jamie Greenwood, qui m'a appris l'économie de mouvement. Je leur en suis à tous deux profondément reconnaissant.

Ni crainte

Ni surprise

Ni hésitation

Ni doute

Sommaire

Les Lois du couple 117

Les Lois de la famille et de l'amitié 153

Introduction

Quand j'étais petit, pour des raisons qu'il serait trop long et compliqué d'évoquer ici, j'ai été confié pendant quelques années à mes grands-parents. C'étaient des gens qui travaillaient dur et se contentaient de ce qu'ils avaient, comme beaucoup de leur génération. Mon grand-père avait été forcé à une retraite prématurée par un accident du travail (il avait reçu sur le pied un chargement de briques). Quant à ma grand-mère, elle était vendeuse dans un grand magasin londonien et la charge inopinée d'un enfant lui posa d'évidents problèmes de logistique. J'étais trop jeune pour aller à l'école, et mon grand-père n'était pas un baby-sitter fiable (les hommes ne s'occupaient pas des enfants à l'époque… les choses ont bien changé aujourd'hui !). La solution qu'elle trouva fut de me garder sous son aile, au propre comme au figuré : certains jours, elle me prenait avec elle au magasin au nez et à la barbe de ses patrons, et nous allions au travail ensemble.

Aller au travail avec Mamie, c'était la fête. J'étais censé ne pas faire de bruit et rester immobile pendant des heures ; puisque c'était mon ordinaire, je trouvais cela normal. Je découvris que le meilleur passe-temps était de regarder les clients depuis mon refuge – souvent un monumental comptoir. C'est ainsi que je suis devenu un insatiable observateur des gens.

D'après ma mère qui me reprit avec elle par la suite, cette passion ne me promettait pas un brillant avenir. Je n'en suis pas si sûr. Car voyez-vous, je me suis aperçu très tôt dans ma carrière professionnelle, en observant mes collègues, que c'était un certain type de comportement qui faisait obtenir de l'avancement. De deux candidats aux aptitudes équivalentes, par exemple, celui qui décrochait le poste était celui qui, dans sa mise, son état d'esprit et ses propos, en avait adopté le profil avant même d'être promu. Je mis dès lors mes remarques en pratique, ce qui me valut de gagner rapidement des échelons. Ce sont ces «lois» qui ont servi de base à mon ouvrage *Les 101 Règles d'or du travail*, devenu un best-seller dans son domaine.

De même qu'on peut repérer les comportements qui permettent à certains de gravir sans effort l'échelle de leur carrière professionnelle, on observe un phénomène similaire dans la vie en général. En gros, les gens semblent répartis en deux catégories : ceux qui maîtrisent l'art de réussir leur vie – et ceux qui rament. Et quand je parle de réussir sa vie, je ne veux pas dire devenir multimillionnaire ou superbusinessman. J'entends par là quelque chose de plus vieux-jeu, que mes grands-parents modestes et travailleurs auraient tout de suite compris : trouver son équilibre dans son petit bonheur quotidien, rester en forme et savoir profiter de la vie. Ceux qui rament, eux, n'ont pas grand-chose de tout cela.

Alors, quel est le secret du bonheur? La réponse est très simple : c'est un choix. Nous pouvons tous choisir de privilégier certains actes chaque jour de notre vie. Certaines des choses que nous faisons nous rendront malheureux; tandis que d'autres nous rendront plus heureux si nous choisissons délibérément de les faire. J'ai ainsi tiré de mon observation des gens la conclusion que, si nous suivons un certain nombre de «Lois de la vie» élémentaires, nous sommes plus efficaces, plus épanouis, moins affectés par l'adversité, capables de mieux profiter de l'existence et par là même de répandre un peu de bonheur autour de nous. Les adeptes de ces Lois paraissent en effet dotés d'une bonne étoile, rayonnants d'enthousiasme, bien dans leur peau et mieux armés pour la vie que les autres.

Voici donc mes Lois pour une vie heureuse. Elles ne sont ni immuables, ni secrètes, ni difficiles à mettre en œuvre. Elles se fondent entièrement sur mon observation des gens qui sont heureux et bien dans leur peau. Car, je l'ai remarqué, les gens heureux sont justement ceux qui respectent la plupart de ces Lois, les gens qui font grise mine ceux qui n'en respectent aucune. Parmi les premiers, beaucoup les observent sans même s'en apercevoir – ce sont des adeptes spontanés ; les autres, conscients que quelque chose leur manque, passent leur vie en quête de ce qui donnerait miraculeusement un sens à leur existence ou remplirait le vide qu'ils ressentent – autrement dit, souvent, en quête d'eux-mêmes. Or la solution est à portée de main : quelques modifications de comportement suffisent, et le tour est joué.

Ce serait donc si simple, vraiment ? Évidemment pas. Vivre selon les Lois n'est jamais facile ; si c'était le cas, tout le monde aurait compris le truc depuis longtemps. Pour que ça vaille le coup, il faut bien que ça soit difficile. Mais – et c'est là leur beauté – chacune de ces Lois, prise séparément, est simple et réalisable. Libre à vous de placer d'emblée la barre très haut et de les mettre en chantier toutes à la fois, ou d'en sélectionner seulement une ou deux pour commencer. Moi ? Oh, je n'y arrive jamais tout à fait non plus. Je rate la marche aussi souvent que n'importe qui, mais je sais quoi faire pour me relever. Je sais quoi faire pour que ma vie retrouve son sens.

Observer les gens m'a fait comprendre que ces Lois de la vie relèvent toutes d'un bon sens pragmatique. Pour ma part, j'adore le genre de conseil qui commence par : « Allez-y à votre rythme... », seulement je ne sais pas trop comment le mettre à exécution. Tandis que « Cirez vos chaussures avant de sortir » me parle davantage, parce que c'est concret, et, surtout, parce que j'en perçois tout de suite la logique. D'ailleurs moi aussi je trouve que des chaussures bien cirées font meilleure impression que des godillots crottés.

Dans cet ouvrage, toutefois, il ne sera pas question de cirage. Vous n'y trouverez pas non plus de révélations inspirées à la New Age – soit dit sans leur dénier toute valeur ; simplement je préfère des conseils réalistes et réalisables à des clichés trop optimistes qui, sans être totalement faux (tels « le temps guérit tout » ou « l'amour force toutes les serrures »), ne produisent pas le déclic nécessaire à l'action concrète – en tout cas pas pour moi.

Ce que vous trouverez ici, c'est une bonne vieille sagesse bien terre-à-terre : rien que vous ne sachiez déjà. Ce livre n'a pas valeur de révélation, mais de rappel. Un rappel que les Lois de la vie sont simples, évidentes, universelles. Suivez-les, ça marche.

Mais alors, et tous ceux qui ne les suivent pas et qui réussissent leur vie quand même ? C'est sûr, nous connaissons tous des gens antipathiques, autoritaires, moralement opportunistes et sans scrupules qui ont fait fortune. Si c'est ce que vous voulez, allez-y, c'est à la portée de n'importe qui. Seulement je suppose que vous préférez dormir sur vos deux oreilles, n'avoir rien à vous reprocher et être une personne agréable à vivre. Eh bien, c'est entièrement entre vos mains. Tous, chaque jour, nous choisissons notre camp : celui des anges ou celui des bêtes. Ces Lois pour une vie heureuse vous aideront à opter pour le premier, mais ce n'est pas obligatoire. Moi, le soir, quand je me couche, j'aime bien récapituler mentalement ma journée ; et je préfère pouvoir me dire « bravo, tu as bien agi aujourd'hui », et me sentir fier de moi et de mes actes, plutôt que le contraire. J'aime m'endormir avec le sentiment que j'ai été bienveillant envers les autres, que j'ai fait pencher la balance du bon côté, répandu un peu de bonheur autour de moi, profité de la vie, et que je mérite presque un dix sur dix de conduite.

Les 100 Lois pour une vie heureuse ne vous diront pas comment faire fortune ou devenir célèbre (si c'est ce que vous cherchez, *Les 101 Règles d'or du travail* vous seront peut-être plus utiles). Cet ouvrage traite tout simplement de votre état intérieur, de votre impact sur les autres ; il vous dira quelle sorte d'ami(e), de parent, de compagnon ou de compagne vous êtes, quelle empreinte vous laissez sur le monde, quelle impression persistera après votre passage.

Mes livres, je traite parfois un peu comme je le fais des enfants : je leur torche le nez, leur donne une petite tape sur la tête et les envoie vivre leur vie. Et après, j'aime bien savoir ce qu'ils sont devenus. Alors, si *Les 100 Lois pour une vie heureuse* ont changé la vôtre ou si vous avez mis au point une ou deux Lois de votre cru qui m'auraient échappé, je serai toujours ravi de l'apprendre. Vous pouvez m'envoyer un courriel (en anglais) à l'adresse suivante : *Richard.Templar@RichardTemplar.co.uk*

Richard Templar

Vos Lois à vous

J'ai réparti les Lois qui vont suivre en cinq domaines d'application : vous, votre couple, votre famille et vos amis, votre cercle de fréquentations (lieu de travail compris) et enfin la planète, selon les cinq cercles que nous traçons tous inconsciemment autour de nous.

Commençons par le plus important : les Lois qui vous concernent personnellement, vos Lois à vous, vos Lois propres. Celles qui vous aideront à sortir du lit le matin, à affronter le monde avec optimisme et à arriver sans encombre au bout de votre journée, quoi qu'il arrive. Celles qui vous aideront à réduire le stress, vous donneront une juste perspective des choses, vous encourageront à définir vos propres critères et à vous fixer des buts à atteindre.

Il est probable que chacun aura à adapter légèrement ces Lois en fonction de son éducation, de son âge et de sa situation. Nous avons tous besoin de valeurs de référence qui nous soient propres. Elles varient de personne à personne ; le tout, c'est d'en avoir, faute de quoi nous naviguons à vau-l'eau et sommes incapables de mesurer notre progression. Elles nous procurent un axe solide, un ancrage, un port d'attache où revenir recharger nos batteries. Elles sont le point de repère qui nous permettent de mesurer notre progrès personnel.

Mais ce n'est pas tout ! Elles contribuent aussi à nous rendre la vie plus légère, plus joyeuse et plus belle.

Loi n° 1

Gardez ça pour vous

Vous allez bientôt devenir un adepte des Lois. Vous êtes au seuil d'une aventure qui, si vous décidez d'accepter votre mission, pourrait bien bouleverser votre vie. Vous êtes sur le point de découvrir comment devenir plus optimiste, plus heureux, comment réussir dans toutes vos entreprises. Alors motus. Pas besoin d'en parler à qui que ce soit. Personne n'aime les petits malins, c'est comme ça. Loi n° 1 : *gardez ça pour vous*.

Il y aura peut-être des moments où ça vous démange de raconter aux autres ce que vous faites parce que – et c'est tout à fait naturel – vous avez envie de le partager avec quelqu'un. Eh bien abstenez-vous. Ne leur soufflez rien, laissez-les deviner tout seuls. Cela peut vous sembler injuste, mais c'est plus juste que vous ne le croyez. Si vous leur dites, ça les fera fuir. Et à juste titre : nous détestons tous qu'on nous fasse la morale. Imaginez que vous arrêtiez de fumer et que vous soyez tellement content de cette nouvelle hygiène de vie que vous vouliez absolument convaincre tous vos vieux amis fumeurs d'en faire autant. Le problème, c'est qu'ils ne sont pas encore prêts à vous imiter ; résultat : vous vous apercevez qu'on vous traite de donneur de leçons, de petit saint ou pire, d'ex-fumeur. Tout ce qu'on déteste. Eh bien là, c'est un peu pareil.

Donc la Loi n° 1 est tout simplement de ne pas faire de prêchi-prêcha ni de propagande, de ne pas jouer les prosélytes, de ne pas le crier sur les toits ni même y faire la moindre allusion.

Votre changement d'attitude envers la vie vous fera du bien ; vous aurez le plaisir d'entendre les gens s'ébahir : mais qu'est-ce que vous avez fait, demanderont-ils, qu'est-ce qui vous arrive ? Contentez-vous d'une réponse évasive : rien du tout, il fait beau, je me sens bien, je suis de bonne humeur, j'ai la pêche – n'importe quoi. Inutile d'entrer dans les détails, ce n'est pas vraiment ce qu'ils cherchent. En fait, c'est même tout le contraire. Un peu comme lorsqu'on vous pose la question « Comment allez-vous ? ». Vous pourriez être au trente-sixième dessous, on attend de vous un seul mot : « Bien. » Car toute autre réponse exigerait un engagement personnel de la part de votre interlocuteur, et ce n'était pas son but du tout. Il vous posait juste la question en passant, pour vous entendre dire « Bien » et continuer à vaquer à ses propres affaires. Si au lieu de cela vous vous mettez à vider votre sac, il se détournera immédiatement de vous.

Être un adepte des Lois, c'est la même chose. Personne ne veut vraiment savoir, alors ne dites rien. Comment je le sais ? Parce que dans *Les 110 Lois d'or du travail*, ouvrage qui a fait comprendre à beaucoup de gens que la réussite professionnelle était à leur portée sans qu'ils aient à recourir à des magouilles, j'ai fait cette même suggestion et je me suis aperçu que cela marchait. Alors allez-y, faites-le discrètement, soyez heureux de vivre et fier de l'être mais n'en soufflez mot à personne.

Pas de prêchi-prêcha ni de propagande, pas même la moindre allusion.

Loi n° 2

Vous allez devenir vieux mais pas forcément sage

La sagesse vient avec les années, dit-on. J'en doute. La vérité, c'est que nous restons aussi bêtes et aussi gaffeurs qu'avant. Nous continuons à faire autant d'erreurs – pas les mêmes, c'est tout. L'expérience nous a effectivement appris à éviter certaines chausse-trappes, mais il en existe une kyrielle d'autres toutes fraîches et qui n'attendent qu'une chose : que nous allions nous vautrer dedans. Le secret, c'est d'accepter ce fait au lieu de vous fustiger chaque fois que cela vous arrive. La Loi est ici la suivante : soyez indulgent envers vous-même quand vous bousillez tout. Pardonnez-vous et considérez que c'est dans l'ordre des choses : on devient vieux sans devenir sage.

Avec du recul, on voit toujours clairement les erreurs qu'on a commises, mais on ne les a jamais vues venir. La sagesse, ce n'est pas de ne plus faire d'erreurs, c'est d'apprendre à s'en tirer la tête haute et avec tout son bon sens.

Quand on est jeune, on croit que vieillir, ça n'arrive… qu'aux vieux. Or cela nous arrive à tous autant que nous sommes, et nous n'avons pas le choix : il faut l'accepter et faire avec. Quoi que nous fassions et qui que nous soyons, nous allons devenir vieux. De fait, vieillir est même un processus qui semble s'accélérer avec l'âge.

On peut dire que plus on vieillit, plus on a exploité le champ des erreurs potentielles. Mais il y en aura toujours d'autres dans lesquels on est totalement dépourvu de repères et où on va se débrouiller comme un manche, en faire trop et se planter en beauté. Et plus on a de goût pour l'aventure et d'appétit de la vie, plus on trouvera de nouveaux horizons à explorer – truffés d'occasions d'erreurs, bien entendu.

Du moment qu'on analyse les événements *a posteriori* afin de comprendre où l'on s'est trompé et qu'on décide qu'on ne le fera plus, c'est le principal. Rappelez-vous que toute Loi qui s'applique à vous s'applique aussi aux autres. Eux aussi deviennent vieux. Et pas particulièrement plus sages. Une fois ce fait accepté, vous serez enclin à plus d'indulgence envers vous-même et envers vos semblables.

Et puis, ma foi, le temps guérit toute chose et avec l'âge cela s'améliore. Après tout, probablement, plus vous aurez commis d'erreurs et moins vous en trouverez de nouvelles à faire. L'avantage, c'est que si vous vous êtes débarrassé du plus gros de la corvée dans vos jeunes années, il vous en restera moins à apprendre à vos dépens par la suite. C'est à ça que ça sert, la jeunesse : à faire toutes les bêtises qu'on peut, c'est toujours ça de moins à faire plus tard.

La sagesse, ce n'est pas de ne plus faire d'erreurs, c'est d'apprendre à s'en tirer la tête haute et avec tout son bon sens.

Loi n° 3

Faites-vous une raison

Tout le monde commet des erreurs, et parfois elles sont de taille. La plupart du temps, elles ne sont ni intentionnelles ni dirigées contre quelqu'un en particulier. Les gens font souvent n'importe quoi, tout simplement. Cela veut dire que si certains ont mal agi envers vous jadis, ce n'était pas forcément par désir de vous nuire, mais parce qu'ils étaient aussi naïfs, aussi étourdis, aussi humains que nous tous. S'ils ont fait des erreurs, qu'il s'agisse de votre éducation ou de la rupture d'une relation, ce n'était pas exprès, mais parce qu'ils ne savaient pas comment faire autrement.

Il ne tient qu'à vous de renoncer à tout sentiment de rancune, de regret, de colère. Vous pouvez vous dire que vous êtes devenu un être exceptionnel justement *grâce* aux épreuves que vous avez traversées, et non en dépit d'elles. Ce qui est fait est fait, il faut bien que la vie continue. Laissez tomber les étiquettes de «bon» et de «mauvais». Oui, je sais bien que tout n'a pas été un chemin de roses, mais le pire n'est pas tant l'adversité que la façon dont on accuse le coup. Vous pourriez évidemment laisser ce passé malheureux vous abattre et vous ronger intérieurement comme un acide, et, malade de rancœur, vous replier sur vous-même – mais vous ne le ferez pas. Vous tournerez la page, vous vous direz que les épreuves vous ont trempé le caractère et, à tout prendre, que cela vous a plutôt réussi.

Théoriquement, j'ai eu ce qu'on appelle une enfance vraiment difficile, et j'en ai longtemps voulu à mes parents. Tout ce qu'il y avait en moi de faible, de déprimé, de mal structuré, je l'imputais à mon éducation tordue. C'était bien commode. Mais le jour où j'ai accepté le fait accompli, où j'ai compris qu'il ne tenait qu'à moi de pardonner et de vivre ma vie, je me suis senti immensément mieux. Néanmoins, ce n'est pas l'attitude choisie par tous mes frères et sœurs, et l'un d'entre eux au moins a laissé s'accumuler la rancune jusqu'à en être totalement accablé.

Pour ma part, il me paraissait essentiel, si je voulais avancer dans la vie, d'accepter ces expériences pénibles comme une composante majeure de moi-même et de tourner la page. J'ai même décidé de faire de ce malencontreux passé le vecteur de mon avenir, de le rendre si positif que je serais incapable de m'imaginer sans lui. Aujourd'hui, si on me donnait le choix, je n'y changerais pas un iota. Oui, quand je jette un regard en arrière sur mon enfance, j'admets que j'en ai bavé, mais c'est certainement cela qui a fait de moi ce que je suis.

Je crois que le déclic s'est produit au moment où j'ai compris que, même si je faisais comparaître devant moi tous ceux qui m'avaient jadis «fait du mal», ils n'y pourraient absolument rien. J'aurais beau hurler, pester, tempêter, ils n'auraient aucun moyen de se racheter ni de réparer le dommage causé. Eux aussi seraient obligés de se faire une raison : ce qui est fait est fait. On ne peut pas revenir en arrière, la vie ne va que dans un seul sens : elle avance. Alors faites-en votre devise – allez de l'avant.

Ce qui est fait est fait,
il faut bien que la vie continue.

Loi n° 4

Acceptez-vous tel que vous êtes

Une fois admis que ce qui est fait est fait, vous vous retrouvez face à vous-même tel que vous êtes, ni plus ni moins. Impossible de retourner en arrière et d'y changer quoi que ce soit, alors autant faire avec. Je ne suggère rien d'idéaliste du style «ayez de l'amour pour vous-même», ce serait bien trop ambitieux. Non, commençons par le plus simple : l'acceptation. C'est facile, le mot signifie exactement ce qu'il veut dire : il s'agit de s'accepter. Non pas de s'améliorer, de changer, de tendre vers la perfection, mais de tout le contraire : de s'accepter, c'est tout.

Autrement dit, d'accepter en bloc ses tares, ses plaies et bosses, ses défauts, ses faiblesses; ce qui ne signifie pas pour autant être satisfait de tous les aspects de sa personne, ni se laisser aller à la paresse et au vice. Mais commencer par s'accepter tel qu'on est, et construire sur ces fondations-là. Sans se flageller sous prétexte que tout n'est pas parfait. Il y a du boulot, c'est sûr, mais on verra ça plus tard. Nous n'en sommes encore qu'à la Loi n° 4!

Ce point doit être érigé en Loi car on n'a pas le choix. On est obligé de s'accepter pour ce qu'on est : le produit de son vécu, bon et mauvais ensemble. C'est un fait. Vous êtes, je suis, nous sommes tous des humains, autrement dit des êtres pas mal complexes. Nous portons tous notre lot de désirs, d'angoisses, de vices, de mesquineries parfois, d'erreurs, de colère, de grossièreté, de déviances, d'hésitations, de récurrences. C'est cette complexité même qui rend l'être humain si fabuleux. Nul d'entre nous ne peut jamais prétendre à la perfection. Pour point de départ, nous avons la personne que nous sommes ; et notre seule marge de manœuvre est de choisir, jour après jour, d'améliorer un tant soit peu la donne. Et c'est tout ce que l'on peut exiger de nous : de faire ce choix. D'être conscient, vigilant, prêt à prendre les bonnes décisions. Et d'accepter que, de temps en temps, on échoue. De temps en temps vous ne serez pas à la hauteur, comme tout le monde. Ne vous accablez pas, ce n'est pas un drame. Remettez-vous debout et recommencez. Acceptez de ne pas être infaillible – d'être humain.

Je sais, c'est parfois dur, mais une fois que vous aurez relevé le défi de devenir un adepte des Lois, vous serez sur la bonne voie, celle de l'amélioration. Arrêtez donc d'épingler chacun de vos manques et de vous torturer. Acceptez plutôt d'être tel que vous êtes. Pour le moment, vous faites de votre mieux avec les moyens du bord, alors accordez-vous un bon point, et persévérez.

> Il ne s'agit pas de s'améliorer, de changer, de tendre vers la perfection, mais de tout le contraire : de s'accepter, c'est tout.

Loi n° 5

Allez à l'essentiel

Il y a des choses importantes et d'autres qui ne le sont pas. Être là, c'est important. Se montrer aimable et attentionné, c'est important. Arriver au bout de chaque journée sans avoir gravement offensé ni blessé quiconque, c'est important. Posséder le dernier gadget technologique à la mode, ça n'est pas important.

Désolé, je n'ai rien contre la technologie. De fait, j'ai pratiquement tous les derniers gadgets. C'est juste que : *a)* je ne compte pas trop dessus ; *b)* je les considère comme des outils parfois utiles, mais pour moi ils n'ont pas de valeur intrinsèque – celle d'un signe extérieur de richesse ou d'un accessoire pour me faire valoir, par exemple.

Donner une utilité à sa vie est important. Passer son ennui à faire du shopping ne l'est pas. Que ça ne vous empêche pas de faire vos courses, ce n'est pas ce que je veux dire. Mais, dans vos actions en général, différenciez ce qui compte et ce qui ne compte pas, ce qui est réel et ce qui ne l'est pas, ce qui a une vraie valeur et ce qui n'en a pas, ce qui est utile et ce qui ne l'est pas. Pour autant, n'allez pas tout plaquer pour partir attraper la malaria dans une jungle infestée de moustiques sous prétexte d'aider les indigènes – même si cela pourrait tout à fait avoir une valeur en soi ; il n'y a pas besoin d'aller jusqu'à de tels extrêmes pour donner un sens à sa vie.

Ce que stipule cette Loi, c'est de se concentrer sur ce qui est essentiel pour soi, dans sa vie, et d'y changer ce qu'il faut pour être satisfait de ce à quoi on la consacre (*cf.* la Loi n° 6). Sans forcément tout planifier sur le long terme jusqu'aux moindres détails : mais en sachant au moins en gros où l'on va et ce qu'on fait. De vivre bien éveillé plutôt que comme un somnambule. Un de mes confrères, l'écrivain Tim Freke, appelle cela « vivre avec lucidité* » ; c'est une expression qui s'applique parfaitement ici.

Certaines choses sont importantes dans cette vie, tandis que tout un tas d'autres ne le sont pas. Ce n'est pas bien sorcier de faire le tri. Et en fait de choses sans importance, on a le choix. Je ne suis pas en train de dire qu'il faut renoncer à toutes les futilités – pas du tout, là n'est pas le problème. Seulement qu'il ne faut pas prendre les futilités pour l'essentiel. Se rendre disponible pour sa famille et ses amis est important, regarder la dernière série télé ne l'est pas. Payer ses dettes est important, mais peu importe quelle marque de lessive on met dans sa machine. Bien élever ses enfants et leur enseigner de vraies valeurs est important, mais pas leur payer des vêtements à la mode. Vous voyez ce que je veux dire. Réfléchissez à ce que vous faites d'important, et faites-en encore davantage.

> Certaines choses sont importantes dans la vie, tandis que tout un tas d'autres ne le sont pas.

* Tim Freke, *Lucid Living*, Books for Burning, 2005.

Loi n° 6

Sachez à quoi consacrer votre vie

Pour savoir distinguer ce qui est important de ce qui ne l'est pas, vous devez d'abord savoir à quoi consacrer votre vie. Il n'y a évidemment pas de bonnes ni de mauvaises réponses à cette question, c'est une affaire de choix personnel, mais il est réellement utile de pouvoir apporter une réponse, quelle qu'elle soit, plutôt que de rester dans l'incertitude.

Dans ma vie, par exemple, deux facteurs ont été déterminants : *a)* cette remarque qu'on m'a faite un jour : puisque mon esprit ou mon âme était la seule chose que j'étais susceptible d'emporter avec moi quand je m'en irais, il fallait que ce soit le meilleur de moi-même ; *b)* mon éducation bizarre.

Le premier de ces points n'a aucun sous-entendu religieux – à mes yeux, du moins. Il a simplement éveillé en moi un écho, actionné un déclic : ce que j'allais emporter avec moi, quoi que cela puisse être, je ferais peut-être mieux de m'en occuper un peu. De m'assurer que c'était bien le meilleur de moi-même. Cela m'a fait réfléchir. Comment diable s'y prend-on ? Aujourd'hui encore, je dirais que je n'en ai pas la moindre idée. J'ai multiplié les explorations et les expériences, les apprentissages et les erreurs, j'ai été tantôt un initiateur et tantôt un disciple, j'ai lu, observé, bataillé avec cette grande question toute mon existence. Comment fait-on pour améliorer sa vie à ce niveau ? La seule conclusion à laquelle je sois arrivé est la suivante : il faut vivre le plus honnêtement qu'on peut, en causant le moins de dommage possible et en traitant tous ceux qu'on rencontre avec respect et dignité. C'est une cause digne qu'on y consacre sa vie, et c'est ce que je fais.

Maintenant, en quoi mon éducation bizarre m'a-t-elle orienté vers ce à quoi je consacre ma vie ? En bien, mon enfance « dysfonctionnelle » et la décision que j'ai prise d'en faire une stimulation plutôt qu'une tare m'ont rendu pleinement conscient du fait que beaucoup de gens auraient grand besoin de se débarrasser de l'empreinte négative de leur passé. Et c'est ce à quoi je consacre ma vie. Oui, ça paraît dingue ; je suis peut-être bien un peu dingue. Mais, au moins, je peux me concentrer sur quelque chose qui compte, du moins pour moi.

Rien de bien spectaculaire – je ne me promène pas avec « Templar consacre sa vie à... » écrit sur mon front. Mais intérieurement, au fond de mon cœur, j'ai un objectif sur lequel fixer mon attention. C'est le repère qui me sert à mesurer : a) comment je vais ; b) ce que je fais ; c) où je vais. Pas la peine de le crier sur les toits. Pas la peine d'en parler à quiconque (Loi n° 1). Ni même d'y réfléchir très en détail. Une simple formulation intérieure de votre mission suffira. La mission que Charles Disney s'était fixée, par exemple, était : « Rendre les gens heureux. » Décidez à quoi consacrer votre vie. Le reste viendra tout seul.

> C'est le repère qui me sert à mesurer :
> a) comment je vais ; b) ce que je fais ;
> c) où je vais.

Loi n° 7

Gardez votre souplesse mentale

Dès que votre pensée s'est cristallisée, rigidifiée, coulée dans un moule, vous êtes fichu. Si vous croyez avoir trouvé toutes les réponses, autant enfiler des pantoufles. Aussitôt figé dans la routine, vous êtes devenu de l'histoire ancienne.

Pour vivre pleinement, vous devez garder votre souplesse d'esprit et de vie, rester prêt à toutes les éventualités, paré à essuyer la prochaine tempête – et, bon sang de bonsoir, elles éclatent toujours quand on s'y attend le moins, celles-là. Si vous vous enfermez dans un schéma préétabli, le moindre coup de vent vous fera perdre le cap. Vous aurez peut-être besoin d'analyser un peu votre fonctionnement intellectuel pour comprendre où je veux en venir. La souplesse mentale est une sorte d'art martial de l'esprit : il faut maîtriser toutes les techniques de l'esquive. Essayez de considérer la vie non comme un adversaire à combattre, mais comme un partenaire d'entraînement amical. Restez mobile et souple, et vous ferez du match une vraie partie de plaisir. Tandis que si vous refusez de lâcher pied, vous vous ferez sans doute chahuter un brin.

Nous vivons tous selon des schémas préconçus. Nous aimons nous coller telle ou telle étiquette, afficher telle ou telle opinion ou croyance. Nous sommes abonnés à un certain journal, fans d'une certaine émission de télévision ou d'un certain genre de film, clients d'une certaine chaîne de magasins, fidèles à un certain régime alimentaire ou look vestimentaire. Il n'y a rien de mal à ça. Mais si nous excluons toute variante, nous devenons ennuyeux, corsetés, rigides, et nous nous ferons probablement bousculer par l'existence.

Considérez plutôt la vie comme une série d'aventures. Chacune d'elles est une expérience passionnante, l'occasion d'apprendre, d'explorer le monde, d'étendre son cercle d'amis et de relations, d'élargir son horizon. Être réfractaire à l'aventure, c'est exactement le contraire : une fermeture, un rétrécissement.

À chaque occasion qui vous est offerte de vous risquer hors des chemins battus, de révolutionner votre mode de pensée, de sortir de votre personnage ordinaire, lancez-vous et observez ce qui se passe. Si cette perspective vous effraie, dites-vous bien que, au besoin, vous pourrez toujours réintégrer votre coquille après.

Pour autant, cela ne signifie pas qu'il faille devenir un inconditionnel de l'aventure ; toute règle absolue est une règle figée. La véritable souplesse mentale est de savoir quand on peut dire oui et quand il faut dire non.

Avez-vous l'esprit souple ? Livrez-vous donc à ce petit test : votre livre de chevet appartient-il invariablement à la même catégorie ? Vous surprenez-vous à dire «Je ne fréquente pas ce genre de personne» ou «Je ne vais jamais dans ce genre d'endroit» ? Si c'est le cas, il serait peut-être temps de vous débarrasser de quelques entraves mentales et de vous ouvrir un peu l'esprit…

> **Essayez de considérer la vie non comme un adversaire à combattre, mais comme un partenaire d'entraînement amical.**

Loi n° 8

Intéressez-vous au monde

Vous vous demandez peut-être ce que cette Loi vient faire dans ce chapitre. Est-ce qu'elle ne serait pas à plus sa place dans la dernière partie ? Eh bien, c'est qu'ici il est question de l'aspect qui vous concerne, *vous*. Vous intéresser au monde extérieur est un outil de développement personnel, pour votre propre bien et non celui du monde. Pas besoin d'être branché sur les actualités vingt-quatre heures sur vingt-quatre, ce n'est pas de cela qu'il s'agit. Mais tenez-vous au courant de ce qui se passe, en lisant, en écoutant, en parlant avec votre entourage. Les véritables adeptes des Lois ne sont pas obnubilés par les menus détails de leur quotidien, ils ne vivent pas dans leur petite bulle. Donnez-vous pour mission de rester au fait des événements du monde – actualité politique et économique, musicale, scientifique, cinématographique, sportive ; mode, cuisine, transports, et même télévision. Les vrais adeptes des Lois sont capables de tenir une conversation sur pratiquement n'importe quel sujet parce qu'ils s'intéressent à tout. Vous n'êtes pas obligé de posséder tous les derniers gadgets à la mode ; mais tenez-vous à peu près informé de ce qui se passe, de ce qui change, des nouveautés, à la fois dans la société où vous vivez et dans le reste du monde.

À quoi ça sert ? Eh bien, d'abord cela fait de vous un interlocuteur plus intéressant ; et puis cela vous fait rester jeune. L'autre jour, à la poste, j'ai rencontré une dame d'un certain âge qui râlait contre les codes confidentiels. « Code confidentiel par-ci, code confidentiel par-là, comment voulez-vous que je retienne tous ces numéros, à mon âge ? » Désolé, elle n'a pas le choix : sans son numéro de Sécurité sociale, elle n'obtiendra ni remboursement maladie ni retraite. Mais au-delà de cela, c'est aussi terriblement facile de se réfugier mentalement derrière un « Je n'ai jamais fait ça de ma vie, alors ce n'est pas maintenant que je vais m'y mettre ». Attention, c'est le meilleur moyen d'être définitivement largué.

Les gens les plus heureux et équilibrés sont ceux qui participent. Qui, loin de se couper du monde, y prennent part. Et les gens les plus stimulants et intéressants à fréquenter sont ceux qui se passionnent pour tout ce qui se passe autour d'eux. L'autre matin, la radio diffusait une interview du responsable de l'organisation pénitentiaire américaine, qui parlait de la réforme du système pénal. C'est un sujet qui ne me branche pas particulièrement (je ne connais personnellement aucun détenu là-bas), et vous pourriez dire que je n'avais pas plus besoin d'informations là-dessus que la vieille dame de savoir ce qu'est un code confidentiel ; mais écouter cette interview m'a intéressé, m'a stimulé, m'a fait me sentir vivant. Et ça ne peut pas faire de mal.

> Vous intéresser au monde extérieur est
> un outil de développement personnel, pour
> votre propre bien et non celui du monde.

Loi n° 9

Faites l'ange, pas la bête

Chaque jour de notre vie, nous sommes confrontés à un nombre incalculable de choix, qui se réduisent la plupart du temps à cette simple alternative : faire l'ange ou faire la bête ? Pour quel parti opter ? Et d'ailleurs, en êtes-vous même conscient ? Laissez-moi vous expliquer. Chacun de nos actes a un impact sur notre famille, notre entourage, la société, le monde en général. Cet effet peut être soit bénéfique, soit néfaste – et c'est là où nous sommes confrontés à un choix. Ce choix est parfois difficile : car nous sommes sans cesse tiraillés entre notre propre intérêt et l'intérêt des autres, entre notre satisfaction personnelle et la magnanimité.

Mais personne n'a prétendu non plus que ça allait être facile. Et la décision d'opter pour le camp des anges est parfois dure à prendre. Mais pour réussir sa vie – et pour moi cette réussite se mesure au sentiment de satisfaction, de contentement, de bonheur qu'on parvient à atteindre –, il faut consciemment prendre ce parti. Cela pourrait bien être ça, l'objectif auquel consacrer sa vie : faire l'ange, et non la bête.

Voulez-vous savoir si vous avez déjà choisi votre camp ? Répondez à ces quelques questions : comment réagissez-vous si une voiture vous grille la politesse dans la queue à l'heure de pointe ? Si vous êtes en retard et qu'un passant vous arrête pour vous demander son chemin ? Si l'un de vos enfants adolescents a des démêlés avec la police ? Si vous prêtez de l'argent à un ami et qu'il ne vous le rend pas ? Si votre patron vous traite d'incapable devant tous vos collègues ? Si la haie de votre voisin se met à vous faire de l'ombre ? Si vous vous donnez un coup de marteau sur le doigt en bricolant ? Je pourrais encore allonger la liste. Nous sommes confrontés à ce genre de choix tous les jours, plusieurs fois par jour, même. Et, pour être effectif, ce choix doit devenir conscient.

Le problème, c'est que personne ne vous dira exactement où finit l'ange et où commence la bête ; vous aurez à vous forger vos propres critères. Mais ce n'est pas si compliqué que ça. On peut même dire que c'est assez évident, la plupart du temps. Est-ce que ça fait mal, est-ce que ça gêne aux entournures ? Est-ce que vous ajoutez au problème ou contribuez à la solution ? Est-ce que votre geste va faire empirer ou améliorer les choses ? Le choix vous appartient, en votre âme et conscience.

C'est votre propre version de l'ange ou de la bête qui est à prendre en compte. Rien ne sert de dire à quelqu'un d'autre qu'il est dans le mauvais camp, car sa définition de la bête peut être totalement différente de la vôtre. Ce que font les autres est entièrement leur affaire, ils ne vous diront pas merci de vouloir éclairer leur lanterne. Bien sûr, rien ne vous empêche de les observer en toute objectivité et de vous dire : « Tiens, moi j'aurais agi autrement », ou : « À mon avis, celui-là vient de choisir de faire l'ange », ou même : « Quel salaud ! » Mais gardez-le pour vous.

Nous sommes sans cesse tiraillés entre notre propre intérêt et l'intérêt des autres.

Loi n° 10

Seuls les poissons morts se la coulent douce

Vivre n'est pas une sinécure. Dieu merci ! – au sens strict. Car cette Loi stipule : remercions Dieu* qu'il en soit ainsi. Si tout n'était que roses, nous ne serions pas forgés et trempés par les épreuves de la vie. Il ne nous serait pas donné d'évoluer, d'apprendre, de changer, nous n'aurions pas l'occasion de nous dépasser. Si la vie était constamment au beau fixe, elle serait d'un ennui mortel. S'il ne pleuvait jamais, on n'aurait pas autant de plaisir à revoir le soleil. Si tout allait de soi, on ne deviendrait jamais plus fort.

Alors soyez reconnaissant d'avoir de temps en temps à vous battre, et admettez qu'il n'y a guère que les poissons morts qui se la coulent douce et se laissent flotter au fil de l'eau sans avoir à donner un seul coup de nageoire. Les autres, dont nous sommes, doivent souvent s'évertuer à contre-courant, franchir à grand-peine barrages, cascades, impétueux torrents. Mais nous n'avons pas le choix : faute de nager, on est emporté par le flot. Et chaque coup de queue, chaque battement de nageoires nous fait plus musclés, plus souples, plus forts et plus heureux.

Statistiquement, la retraite ne réussit pas à la plupart des hommes. Beaucoup meurent peu de temps après avoir remisé leur attaché-

---

* Dieu ou qui que ce soit d'autre, selon vos convictions. Pas besoin de me prendre au mot.

case* : sitôt qu'ils ont cessé de nager à contre-courant, le flot les a emportés. Alors nagez, petits poissons, nagez sans trêve, surtout ne vous arrêtez pas !

Tâchez de voir dans chaque défaite l'occasion de faire un meilleur score. Loin de vous affaiblir, les échecs doivent vous galvaniser. Même si elle semble parfois dépasser vos forces, j'en conviens, la charge qui vous incombe est exactement celle que vous pouvez porter. Et la lutte est sans fin, bien sûr, mais il y a de temps en temps des pauses, des trous d'eau tranquilles où se reposer un peu avant de repartir à l'assaut du prochain tourbillon. Et voilà, c'est ça, la vie : une alternance de luttes et d'accalmies. Quelle que soit votre situation présente, dites-vous bien qu'elle va forcément changer. Alors, où en êtes-vous ? Lutte ou accalmie ? Averse ou éclaircie ? Dure leçon ou pur plaisir ? Poisson mort ou vigoureux saumon ?

> C'est ça, la vie :
> une alternance de luttes et d'accalmies.

* J'ignore si les conséquences sur les femmes sont aussi funestes. Mais c'est authentique.

Loi n° 11

Ne dites jamais un mot plus haut que l'autre

Personnellement, cette Loi me donne du fil à retordre. J'adore me laisser aller à un bon coup de gueule de temps en temps. Je suis issu d'une famille nombreuse où parler haut et fort était la règle, et par ailleurs le seul moyen de se faire entendre, d'obtenir l'attention ou de pouvoir en placer une. Pénible ? Oui. Bruyant ? Oui. Positif? Sans doute pas.

L'un de mes fils a hérité de ce gène-là, et je peux dire qu'il a de la voix. La tentation, c'est de faire chorus. Heureusement, la Loi édicte : *Ne dites jamais un mot plus haut que l'autre*, alors je bénéficie d'une dispense. Si c'est lui qui crie le premier, j'ai le droit de lui donner la réplique ; cela dit, je fais tout mon possible pour ne pas en arriver là. Pour moi, crier est mauvais, quelle qu'en soit la raison, c'est le signe que j'ai perdu le contrôle, que j'ai le dessous dans la discussion. Un jour, un fils de vicaire de ma connaissance est tombé sur une esquisse de sermon où son père avait noté dans la marge : « Parler fort ici, l'argument est faible. » C'est exactement ça.

Cela ne m'a pas empêché de m'énerver plus d'une fois, hélas, et je l'ai toujours regretté. Je sais, j'ai déjà servi cette histoire ailleurs : un jour j'ai poussé une gueulante monstre dans un magasin d'une célèbre chaîne commerciale d'appareillage électrique à propos d'un magnétoscope en panne. J'ai obtenu gain de cause, c'est vrai, mais ce n'était pas à mon honneur et je garde de cet épisode un souvenir profondément honteux.

Alors que faire quand on est soupe-au-lait comme moi ? Pour ma part, quand je sens venir l'inévitable escalade, je m'en vais. C'est dur, surtout si on sait qu'on a raison. Il y a tellement de déclencheurs, tellement de situations où on sent qu'avec un bon coup de gueule on obtiendra ce qu'on veut ! Seulement on est face à des gens de chair et d'os, dotés de leur propre sensibilité, et leur crier après n'est pas défendable, même si c'est eux qui ont commencé.

On se met en colère dans deux cas de figure : soit c'est justifié, soit c'est une manipulation. Un exemple du premier cas : vous avez écrasé les pieds de quelqu'un et vous refusez de vous excuser et de reconnaître vos torts ; la victime vous agonit d'injures et c'est tout à fait légitime. Le second cas est celui où quelqu'un utilise la colère pour obtenir ce qu'il veut – c'est une forme de chantage affectif. Vous avez le droit de l'ignorer, ou de vous montrer ferme pour garder le dessus. Mais vous n'avez pas le droit de répondre sur le même ton.

Je sais, je sais, les raisons de s'énerver, ce n'est pas ça qui manque : le chien a volé le rôti ; les gosses refusent de ranger leur chambre ; votre PC a encore planté et la réparation prend des semaines ; on a taggué pour la énième fois le mur de votre propriété ; après avoir écouté les trente-six mille options du répondeur vocal et patienté vingt minutes, la communication échoue ; vous faites la queue, votre tour arrive et la caisse ferme juste sous votre nez ; non seulement votre interlocuteur est idiot, mais il fait exprès de tout comprendre de travers, etc., etc., etc.

Cependant, si vous réduisez cette Loi à un simple : « Je ne crie jamais », elle deviendra plus facile à respecter. Vous serez réputé garder un calme olympien en toute circonstance. Et les gens calmes, on leur fait confiance. On compte sur eux. On les admire et on leur confie des responsabilités. Les gens calmes demeurent plus longtemps en place.

> « Parler fort ici, l'argument est faible. »

Loi n° 12

Soyez votre propre conseiller

Nous possédons tous, au plus profond de nous-mêmes, une mine de sagesse appelée intuition. Se mettre à l'écoute de son intuition nécessite un long apprentissage. Il s'agit d'abord de repérer ce sentiment, cette petite voix intérieure qui se fait entendre lorsqu'on a fait quelque chose qu'on n'aurait pas dû faire. C'est une petite voix incroyablement discrète, et au début il faut du silence et de la concentration pour bien la percevoir.

C'est la voix de votre conscience, si vous voulez l'appeler ainsi ; tout au fond de vous-même, vous savez bien quand vous avez fait quelque chose de mal. Vous savez bien quand vous devriez présenter des excuses, vous racheter, réparer les dégâts. Vous le savez. Je sais que vous le savez. Je le sais parce que nous le savons tous. Il n'y a pas moyen d'y échapper.

Une fois que vous aurez pris l'habitude d'écouter cette petite voix, de percevoir ce sentiment, cela vous aidera. Cela deviendra davantage qu'un perroquet sans cervelle perché sur votre épaule, claironnant « Tu as encore gaffé ! » – après coup. Le moment crucial, c'est lorsque vous l'entendrez vous dire *avant d'agir* si vous pouvez y aller ou s'il vaut mieux vous abstenir.

Avant d'entreprendre quoi que ce soit, essayez de vous passer intérieurement le film, et attendez la réaction. Avec un peu d'entraînement, vous y arriverez mieux. Représentez-vous un petit enfant à qui il faut tout expliquer au fur et à mesure. Imaginez-le posant des questions auxquelles vous devez répondre : « Pourquoi tu fais ça ? Est-ce que c'est bien, est-ce que c'est mal ? Est-ce que c'est ça qu'il faut faire ? » C'est l'unique situation où vous aurez à faire vous-même les questions et les réponses, et vous découvrirez que vous en êtes tout à fait capable, que vous savez déjà tout ce qu'il y a à savoir.

Tendez l'oreille : les réponses sont là. Pourriez-vous trouver un meilleur conseiller que vous-même ? Vous seul êtes en possession de toutes les données du problème, de toute l'expérience, de toute la connaissance nécessaires. Personne ne peut se mettre à votre place pour voir ce qui se passe au-dedans de vous.

Une petite précision : quand je dis « écouter », je ne veux pas dire écouter ce qui mouline sans arrêt dans votre tête, car ça, c'est la porte ouverte à la folie. Non, je veux parler d'une voix plus douce, plus tranquille. Pour certains, il s'agit davantage d'un sentiment que d'une voix – on peut parler d'instinct, de tripes. Et même si c'est une voix, la plupart du temps elle ne dit rien – à la différence de votre mental qui rabâche sans arrêt – et quand elle parle, elle le fait si doucement qu'elle est parfois couverte par votre ressassement intérieur et qu'elle peut vous échapper.

Elle ne vous prédira pas l'avenir. Elle ne vous révélera pas le tiercé gagnant ou la bonne combinaison pour gagner l'Euromillion. Non, elle ne commente que les choses importantes : les grandes décisions à prendre, le pourquoi de nos comportements. La réponse, vous la connaissez déjà – à condition que vous vous posiez la question.

> Vous le savez. Je sais que vous le savez.
> Je le sais parce que nous le savons tous.

Loi n° 13

Ni crainte, ni surprise, ni hésitation, ni doute

D'où vient cette formule ? D'un samouraï du XVIIe siècle. C'était sa clef en quatre points d'une vie réussie – celle d'un guerrier.

Ni crainte

Il n'est rien ici-bas que vous devriez craindre. Si c'est le cas, efforcez-vous de surmonter votre sentiment de peur. Moi, par exemple, je l'avoue, j'ai le vertige ; autant que possible, j'évite toute escalade. Mais l'autre jour, à cause d'une fuite de gouttière, j'ai été obligé de grimper sur le toit – trois étages, et d'un côté un pan très abrupt. J'ai serré les dents en me répétant « Je n'ai pas peur, je n'ai pas peur, je n'ai pas peur » jusqu'à ce que j'aie terminé ma réparation. Ah oui ! et puis j'ai évité de regarder en bas, évidemment. Quelle que soit la cause de votre crainte, affrontez-la sans hésiter et venez-en à bout.

Ni surprise

La vie semble pleine d'imprévus, n'est-ce pas ? Vous alliez votre petit bonhomme de chemin, et voilà qu'il en surgit un, gros comme une maison. Pourtant, si vous y regardez de plus près, il avait été précédé par toute une série de signes avant-coureurs. Alors, imprévu ? Pas tant que ça, finalement. Quelle que soit votre situation actuelle, elle est destinée à changer ; ça ne sera pas une surprise non plus. Alors pourquoi la vie semble-t-elle si imprévisible ? Parce que nous la vivons la plupart du temps comme des somnambules. Réveillez-vous, et plus rien ne vous prendra au dépourvu.

Ni hésitation

Évaluez vos chances, et foncez. Si vous tergiversez, il sera trop tard, vous aurez laissé passer l'occasion. Si vous perdez du temps à réfléchir, vous ne vous déciderez jamais. Une fois examinées les données du problème, il faut faire un choix, prendre une décision et la mettre immédiatement en œuvre. Tout est là. Ne pas hésiter signifie ne pas attendre que d'autres vous tirent d'affaire ou décident à votre place. Ne pas hésiter signifie que, si une situation est à peu près inévitable, mieux vaut y aller, et de bon cœur. Quand il n'y a pas de solution, de toute façon, rien ne sert de temporiser.

Ni doute

Une fois que vous avez pris une décision, quelle qu'elle soit, n'y revenez pas. Détendez-vous, n'y pensez plus, le plus dur est fait. Cessez de vous faire du souci. Demain il fera jour. La vie ne connaît pas le doute ; elle est, c'est tout. Ayez confiance. Engagez-vous à fond. Soyez sûr de vous. Lorsque vous avez pris un cap, allez jusqu'au bout. C'était la direction à prendre, n'en doutez pas, et ne doutez pas non plus de votre réussite. Avancez, et faites totalement confiance à votre jugement.

Loi n° 14

Il n'est jamais trop tard pour bien faire

Les regrets, ça n'a pas manqué dans ma vie… Vous vous attendiez à ce que je vous dise qu'il n'y a aucun regret, aucun « si seulement… » qui tienne ? Mais non, les regrets peuvent être très utiles, à condition d'en faire un moteur de progrès.

« Ah ! si seulement j'avais fait ça ! » À cette exclamation correspondent trois scénarios. Soit vous vous êtes aperçu que vous n'avez pas saisi une occasion, que vous avez raté votre chance. Soit vous êtes témoin de la réussite éclatante de quelqu'un d'autre et vous auriez aimé que ça soit vous. Soit ce n'est pas vous qui le dites, ce sont les autres – ceux qui n'entreprennent jamais rien, mais qui laissent entendent qu'ils auraient sûrement mieux fait que vous : « Ah ! si seulement c'était moi qui avais eu l'occasion, le coup de bol, l'aubaine… » Malheureusement pour eux, la Fortune en personne aurait pu leur mettre le nez dedans et leur botter les fesses, ils auraient probablement raté le coche de toute façon.

Il y a deux catégories de gens : ceux qui lorgnent avec envie sur les succès d'autrui, et ceux qui s'en inspirent pour se motiver. Si vous vous surprenez à penser : « Ah ! si seulement j'avais fait ça, pensé ça, assisté à ça, vu ça, vécu ça, compris ça, rencontré ces gens-là… », apprenez à compléter votre phrase par : « … eh bien ! je vais le faire. »

La plupart du temps, l'occasion que vous regrettez d'avoir manquée n'est peut-être pas définitivement perdue – même si elle ne se présente plus tout à fait dans les mêmes termes. Par exemple, vous vous dites : «Ah! si seulement j'avais retardé d'un an mon entrée à l'université pour partir en Chine, comme l'a fait Untel!» Vous ne pourrez pas remonter le temps, c'est clair; mais est-ce que vous ne pourriez pas prendre six mois sabbatiques pour faire ce voyage? profiter de vos jours de récupération pour rallonger vos vacances (et au besoin emmener votre famille)? décider de mettre ce séjour à la une des projets à réaliser sitôt que vous serez à la retraite?

Si, à trente-quatre ans, vous regrettez la médaille d'or d'athlétisme que vous n'avez pas eue puisque vous avez abandonné le sport à l'âge de quatorze ans, il est évident que c'est trop tard. Tout ce qu'il vous reste à faire est de prendre la résolution de ne plus jamais laisser passer votre chance. Autrement dit, inscrivez-vous tout de suite à ces cours de plongée comme vous en aviez l'intention, plutôt que de soupirer dans vingt ans : «Ah! j'aurais tellement aimé apprendre à faire de la plongée sous-marine...»

Il y a deux catégories de gens :
ceux qui lorgnent avec envie sur les succès
d'autrui, et ceux qui s'en inspirent.

Loi n° 15

Comptez jusqu'à dix – ou récitez-vous « Une poule sur un mur »

De temps en temps, il y a quelqu'un ou quelque chose qui vous fait vraiment tourner en bourrique. Seulement, comme vous êtes devenu un vrai adepte des Lois, pas question de piquer une crise. Comment faire, alors ? La solution, c'est d'avoir recours à un bon vieux truc : prenez l'habitude de compter tout bas jusqu'à dix en priant le bon Dieu que votre rage retombe. Dans mon cas, ça marche à tous les coups. Ces quelques précieuses secondes me donnent le temps de reprendre mes esprits. Une fois calmé, je trouve la réaction adéquate.

Ce court répit est essentiel. Je vous entends d'ici grommeler : « Compter jusqu'à dix ? Plutôt ringard… » Peut-être, mais efficace. Ça ne vous plaît pas ? Alors trouvez autre chose à réciter tout bas. Un poème, peut-être, à condition qu'il soit court. Ou une comptine ; par exemple : « Une poule sur un mur/Qui picotait du pain dur/Picoti, picota/Lève la queue et puis s'en va. » Avec un peu de chance, ça aura la double vertu de vous faire sourire en même temps que de vous calmer.

Lorsqu'on vous pose une question et que vous n'êtes pas sûr de la réponse, comptez jusqu'à dix avant de parler. Devant votre air pénétré, tout le monde vous prendra pour un grand sage. (N'avouez surtout pas que vous êtes en train de vous réciter tout bas « Une poule sur un mur » !) C'est une variante du vieux proverbe : *Il faut tourner sept fois sa langue dans sa bouche avant de parler.* Cette pause forcée a le pouvoir d'éviter bien des catastrophes.

Si vous êtes pris dans une situation délicate, compter jusqu'à dix peut vous être d'une grande utilité. Un jour, j'étais dans un quartier chaud de la capitale; comme j'avais très faim, je me suis aventuré dans un *fish'n ships*. Une bonne âme qui attendait comme moi de se faire servir m'a conseillé de me méfier en ressortant avec mon repas. Je lui ai demandé pourquoi. «Vous allez vous faire taxer», a-t-il répondu en désignant la brochette de jeunes loubards assis sur un mur dans la rue, et il a ajouté : «Comme ça, ils n'ont pas besoin de faire la queue.»

J'avais le cœur qui battait la chamade en sortant – de trouille, bel et bien. Mais j'ai boutonné mon pardessus jusqu'au menton, j'ai respiré un grand coup et je les ai regardés bien en face. Puis, sans les quitter des yeux, j'ai marché droit sur eux en comptant lentement jusqu'à dix tout bas. Au moment où je suis arrivé à leur hauteur, comptant toujours, ils ont levé le camp sans insister. Dieu, ce sont les meilleures frites que j'aie jamais mangées de ma vie!

Ces quelques précieuses secondes
me donnent le temps de reprendre
mes esprits. Une fois calmé, je trouve
la réaction adéquate.

Loi n° 16

Changez ce que vous pouvez et laissez tomber le reste

Le temps passe vite. Voilà une autre de ces réalités incontournables : c'est une évidence. Et puisque le temps nous est compté, mieux vaut ne pas en gaspiller une miette. Ceux qui réussissent leur vie, j'ai remarqué, sont ceux qui en extraient le maximum de satisfaction et d'énergie. Comment ? En mettant en pratique la Loi toute simple formulée ci-dessus : ils concentrent leurs efforts sur les quelques points sur lesquels il est en leur pouvoir d'agir ; le reste, par économie de temps, ils le laissent tomber.

Si quelqu'un vous demande directement de l'aide, cela signifie que vous pouvez faire quelque chose – ou non, c'est à vous de le décider. Si c'est le monde entier qui vous appelle à l'aide, votre pouvoir est quasi nul. Rien ne sert de vous affliger et de vous fustiger pour cela, c'est une perte de temps. Pas question non plus de ne vous fiche de tout et d'abandonner des gens dans le besoin, ce n'est pas ce que je veux dire. C'est même tout le contraire à bien des égards. Mais s'il est des domaines où votre intervention peut faire une différence, il y en a d'autres où elle est à peine une goutte d'eau dans la mer.

Si vous vous évertuez à essayer en vain de changer ce qui manifestement ne changera jamais, le temps vous filera entre les doigts et la vie vous passera sous le nez. Tandis que si vous concentrez vos efforts dans les domaines où vous pouvez faire avancer les choses, votre vie s'en trouvera plus riche, plus pleine. Et, bizarrement, plus on a une vie bien remplie, plus le temps paraît extensible.

Manifestement, l'union fait la force, et en unissant nos efforts nous pourrions changer le monde, mais cette Loi-ci est à votre usage personnel – nous en sommes aux Lois qui ne concernent que vous seul –, c'est pourquoi elle ne prend en compte que ce que vous pouvez changer, vous.

Si vous êtes un intime du président de la République ou du Premier ministre, vous avez une chance d'influencer la politique à l'échelle nationale. Si vous êtes un des proches du pape, peut-être avez-vous un rôle à jouer dans l'élaboration de la prochaine bulle papale. Si vous êtes le bras droit d'un général, une guerre sera peut-être évitée grâce à vous. Si vous avez vos entrées chez un éditeur, vous pourriez voir un jour votre nom imprimé noir sur blanc. Si vous avez un maître d'hôtel parmi vos relations, la meilleure table sera pour vous. Etc., etc., etc. Alors ? Qui avez-vous dans la manche ? Quelle est l'étendue de votre influence, quels changements avez-vous le pouvoir d'amener ?

Pour la plupart, nous n'avons personne d'autre dans la manche que nous-même ; notre influence ne s'étend pas plus loin. La seule chose que nous ayons réellement le pouvoir de changer, c'est justement cela : nous-même. C'est formidable ! Quelle merveilleuse occasion de faire du bien, d'apporter une contribution réellement positive ! Commençons par nous-même, le reste suivra. Pas besoin de perdre du temps à prêcher dans le désert. Pas d'énergie, de ressources ni d'efforts perdus dans des domaines où l'on n'a aucun pouvoir ni aucune certitude de succès. Au moins, en se changeant soi-même, on est sûr d'obtenir un résultat. Et c'est ça l'important.

> Concentrez vos efforts dans les domaines où vous pouvez faire avancer les choses.

Loi n° 17

Visez l'or, pas le bronze

Eh oui, rien que ça. Viser l'excellence dans tout ce qu'on fait au lieu de s'en tenir à un pis-aller, voilà un objectif sérieusement difficile à atteindre – et c'est voulu. Au travail, effectuez votre tâche au mieux des possibilités humaines. Si vous avez des enfants, soyez un parent modèle. Si vous cultivez votre jardin, devenez l'as des jardiniers. Parce que sinon, vous faites tout ça pour quoi ? où est l'intérêt ? Si, quoi que vous fassiez, vous ne visez que la médiocrité, quelle tristesse ! Cette Loi est toute simple, vraiment facile à respecter. Prenez l'éducation des enfants, par exemple. Comment élève-t-on au mieux ses enfants ? Il n'y a évidemment pas de réponse absolue à cette question, à chacun sa vision des choses. Mais *d'après vous*, quelle est la meilleure façon d'élever ses enfants ? Bien. Feriez-vous moins que cela ? Non, bien sûr.

Le même principe est applicable à toutes vos actions. Faites au mieux de ce que *vous* pensez possible. Puisque c'est vous le juge et le jury d'experts, vous pouvez sûrement satisfaire sans problème aux attentes que vous avez vous-même fixées. Personne d'autre ne pourra dire si vous avez réussi ou échoué. Personne d'autre ne peut définir les critères de ce que vous allez entreprendre.

Mais attendez, il y a un truc, non ? Si on est le seul à faire l'évaluation, on va évidemment se donner dix sur dix à chaque fois ! Ah ? Vous croyez ? Eh bien non, probablement pas. Dans son for intérieur, c'est incroyable à quel point on ne se laisse rien passer. Parce qu'on sait bien que cela n'a pas de sens de tricher avec soi-même.

L'avantage de définir ses propres normes, c'est qu'on est seul juge. Bien ou mal, bon ou mauvais, c'est vous qui décidez, personne n'ira y fourrer son nez. Ce n'est pas libérateur, ça ? Si, infiniment. Une fois que vous avez résolu de viser l'excellence, que vous avez fixé vos critères, il ne vous reste plus qu'à faire périodiquement le point pour juger de vos progrès.

Peu importent les détails. Votre notion du parent modèle peut se réduire à : «Je serai là chaque fois qu'ils auront besoin de moi.» Pas besoin de préciser, même pour vous, combien de fois par jour vous leur direz que vous les aimez ou si vous veillerez à ce qu'ils aient toujours des chaussettes propres. Non, votre but est celui-ci : «Je serai toujours là quand ils ont besoin de moi.» C'est votre niveau d'excellence absolue. Vous n'échouerez que s'il vous arrive de manquer à ce devoir. Vous avez le droit d'échouer ; ce que vous n'avez pas le droit de faire, c'est de viser moins que l'excellence.

Réfléchissez bien à ce que vous allez faire, puis mettez délibérément la barre au plus haut. Le secret, c'est d'agir en toute conscience et de vous munir de repères qui vous serviront – et à vous seul ! – à évaluer vos résultats. Fixez-vous des objectifs simples et accessibles. Et avant tout, assurez-vous d'avoir clairement défini la différence entre excellence et pis-aller.

Vous avez le droit d'échouer ; ce que vous n'avez pas le droit de faire, c'est de viser moins que l'excellence.

Loi n° 18

N'ayez pas peur de rêver

Cette Loi vous paraît peut-être évidente et incroyablement facile à suivre, mais vous seriez étonné de savoir combien de gens censurent sévèrement leurs rêves. Pourtant, vos rêves, ils sont à vous, bon sang. Ils devraient être sans limite. Les projets, il faut bien qu'ils soient réalistes. Mais pas les rêves.

J'ai travaillé pendant des années dans un casino, et ce qui m'étonnait toujours, c'était que les joueurs (on devrait plutôt les appeler « clients ») ne se rendaient pas compte qu'ils perdaient sans fin parce qu'ils ne plafonnaient pas leurs pertes alors qu'ils plafonnaient leurs gains. Ne me demandez pas pourquoi ; les joueurs invétérés ne tournent pas rond, probablement. Ils commençaient à peu près raisonnablement : « Allez, je vais perdre ces cinquante balles, je plie bagage. » Ils perdaient leurs cinquante balles, alors ils encaissaient un chèque pour faire passer la perte. Ils perdaient ça aussi, alors ils attendaient d'encaisser un autre chèque. Et ainsi de suite.

Je ne me fais pas l'avocat des jeux d'argent, entendons-nous bien ; jamais je ne les défendrai, c'est une vraie saloperie, croyez-moi. Je veux seulement dire que les gens limitent leurs rêves comme ils plafonnent leurs gains au jeu. Et pourtant, au pire, les rêves ne sont jamais qu'inoffensifs. Alors ne les censurez pas ! Vous avez droit aux rêves les plus fous, délirants, extravagants, impossibles, stupides, bizarres, irréalistes et absurdes.

Vous avez même le droit de souhaiter ce qui vous plaît. Après tout, vos souhaits et vos rêves ne regardent que vous. Vous ne risquez aucune contravention, aucune hospitalisation pour demande irréaliste. C'est une affaire entre vous et vous, un point c'est tout.

Une seule petite consigne de prudence ici, si j'en crois mon expérience personnelle : faites attention à ce que vous souhaitez, à ce que vous rêvez, parce que cela pourrait bien finir par se réaliser. Et qu'est-ce que vous en feriez, hein ?

Tout un tas de gens croient que, pour valoir la peine, les rêves doivent être réalistes. Mais non, s'ils sont réalistes ce sont des projets, et ça n'a rien à voir. J'ai des projets, et je m'applique à les mettre en œuvre. Les rêves, eux, ont le droit d'être si improbables qu'ils paraissent impossibles à réaliser. Et ne croyez pas que si vous passez vos journées à rêvasser vous n'accomplirez jamais rien. Ceux qui remportent les plus brillants succès sont souvent ceux qui ont osé les rêves les plus fous. Ce n'est pas une coïncidence.

> Les projets, il faut bien qu'ils soient réalistes. Mais pas les rêves.

Loi n° 19

Oubliez le passé

Heureux ou malheureux, votre passé n'est plus. Il est révolu, vous ne pouvez rien y changer, alors concentrez-vous sur l'ici et maintenant. C'est dur de résister à la tentation de s'attarder sur ce qui a précédé. Mais si vous voulez réussir votre vie, vous devez consacrer toute votre attention à ce qui s'y passe aujourd'hui. Que ce soient les bons ou les mauvais souvenirs qui vous retiennent, laissez-les derrière vous. La seule façon de vivre sa vie est de la vivre au présent.

Si ce sont les regrets qui vous font revisiter le passé, alors dites-vous bien que ce qui est fait est fait et qu'il n'y a aucun retour en arrière. Si vous traînez un sentiment de culpabilité, vous vous torturez pour rien. Nous avons tous pris à un moment ou à un autre de mauvaises décisions qui ont fait du mal à des gens de notre entourage, y compris à ceux que nous avions juré d'aimer. Il est trop tard pour effacer l'ardoise. Tout ce que vous pouvez faire est vous jurer de ne plus jamais recommencer. C'est la seule chose qu'on puisse exiger de nous : reconnaître nos erreurs et nous efforcer de les éviter à l'avenir.

Si votre passé est plein de bons souvenirs et que vous ressassez votre âge d'or, apprenez, sans le renier, à aller de l'avant et à trouver de la satisfaction dans le présent aussi. Tout était vraiment plus beau jadis ? Allez, enlevez donc vos lunettes roses une petite minute et demandez-vous pourquoi : vous aviez de l'argent, du pouvoir, de l'énergie, la jeunesse, la santé, la pêche. Maintenant, partez à la découverte d'autres voies à explorer. Nous sommes tous obligés de laisser de belles choses derrière nous, au bénéfice de nouveaux défis, d'inspirations nouvelles.

Chaque jour nouveau est un nouveau départ, libre à nous d'en faire ce que bon nous semble, libre à nous d'écrire ce que nous voulons sur cette page blanche. Maintenir cet élan peut se révéler difficile – c'est un peu comme de s'imposer un entraînement sportif. Au début, on a l'impression qu'on n'y arrivera jamais, et puis un beau jour on se retrouve à faire sans effort conscient son parcours de jogging, sa randonnée, ses longueurs de piscine. C'est le premier pas qui coûte le plus, et il faut un énorme pouvoir de concentration, un indéfectible enthousiasme, une persévérance sans faille pour continuer.

Tâchez de voir le passé comme une pièce séparée du reste de votre maison : vous avez le droit d'y entrer, mais vous n'y vivez plus ; vous pouvez aller y faire un tour, mais ce n'est plus votre chez-vous. Votre chez-vous, c'est ici et maintenant, et chaque seconde est précieuse. N'en gaspillez pas une goutte à trop séjourner dans cette chambre désuète. Ne manquez pas ce qui se produit dans votre vie actuelle parce que vous avez le regard occupé ailleurs. Sinon, plus tard, vous vous retournerez sur ce présent devenu passé en vous demandant comment il a pu à ce point vous échapper à l'époque. Vivez ici, vivez maintenant, vivez votre présent.

> Vivez ici, vivez maintenant,
> vivez votre présent.

Loi n° 20

Ne vivez pas dans l'avenir

Vous avez trouvé coriace la règle précédente, eh bien, ce n'était rien à côté de celle-ci. Je vous entends d'ici gémir : « Mais l'avenir, c'est là que ça va se passer, justement ! C'est quand je serai heureux, riche, beau, amoureux, célèbre, quand j'aurai décroché un emploi, largué cette relation minable, déménagé à la campagne où j'inviterai la foule de mes amis à goûter les grands crus de ma cave ! » Oui, tels sont peut-être vos projets, ou vos rêves, que sais-je. Mais je le répète, nous n'en sommes pas là, c'est ici et maintenant que ça se passe. Le moment que vous avez attendu toute votre vie, c'est celui-ci. C'est lui que vous devez goûter, sans tout ce que vous énumérez plus haut. Je suis d'accord, le désir, c'est ce qu'il y a de plus jouissif. C'est merveilleux de nourrir tous ces rêves, ne laissez personne essayer de vous persuader du contraire. Mais n'oubliez pas que leur auteur est la personne que vous êtes *maintenant*. Jouissez de vos rêves, de votre désir. Soyez heureux d'être en vie, d'avoir la force et la vitalité de rêver autant.

Vivre dans le présent ne veut pas dire envoyer promener ses responsabilités et devoirs. Cela ne veut pas dire non plus devenir un épicurien forcené ni au contraire se faire ascète, même si, en soi, il n'y a rien de mal à ça. Cela veut simplement dire prendre le temps de se sentir en vie, s'efforcer de donner au moment présent toute son importance ; vivre pleinement, ici, maintenant.

Nous ne pouvons pas projeter dans l'avenir tout notre bonheur futur – « Ah ! si seulement j'étais plus riche, plus heureux(se), plus amoureux(se), plus en forme, moins piégé(e) dans cette relation, si j'avais un meilleur emploi, une plus belle voiture, si mes gosses étaient plus gentils, si j'étais plus mince, plus grand(e), plus en forme, si j'avais de plus beaux cheveux, de plus belles dents, une plus belle garde-robe » –, etc., la liste est infinie. Si seulement ceci ou cela changeait, tout serait parfait, hein ? Eh bien non, hélas, ce n'est pas comme ça que ça marche. Si ceci ou cela changeait, autre chose irait de travers et cela suffirait à remettre ce fameux bonheur à plus tard. Si vous vous aperceviez soudain que nous êtes devenu plus mince ou plus en forme, par exemple, il vous manquerait probablement d'être plus riche ou d'avoir un(e) partenaire plus tendre pour que votre bonheur soit complet.

Mieux, plus mince, plus riche… oubliez tout ça. La clef, c'est d'apprécier ce que vous avez, sans pour autant cesser de rêver et de faire des projets. Cela vous rendera un peu plus heureux dans le présent que si vous aviez gardé les yeux fixés sur le mirage d'un hypothétique bonheur futur.

Et ne croyez pas que j'aie beau jeu de dire ça, je ne suis pas plus privilégié que les autres. Moi aussi j'aurais besoin de perdre quelques kilos, d'être plus en forme, de posséder plus de trucs et de machins (on est tous incapables de s'en passer). Cela dit, j'apprécie quand même ce que je suis et ce que j'ai, parce que – et là est le secret – c'est réel. C'est mon moi présent qui est le moi réel ; le moi futur n'existe pas encore et pourrait bien ne jamais voir le jour. (Vous voulez dire que je pourrais bien ne jamais perdre ces quelques kilos en trop, par exemple ? Eh oui, exactement.) Tandis que ce que je possède maintenant, au moins, c'est réel, solide, tangible. Les rêves, c'est bien, mais la réalité ce n'est pas mal aussi.

> Les rêves, c'est bien,
> mais la réalité ce n'est pas mal aussi.

Loi n° 21

Vivez sans attendre, le temps passe si vite…

Chaque jour, chaque seconde, la vie s'enfuit à un rythme effarant. Et plus le temps passe, plus cette vitesse s'accélère. J'ai demandé un jour à un vieux monsieur de quatre-vingt-quatre ans si la vie s'écoule plus lentement avec l'âge. Je ne peux pas décemment reproduire ici sa réponse, mais elle était sans ambiguïté : absolument pas. Au contraire. Parfois je me demande s'il ne s'agit pas d'une sorte d'accélération avant le décollage final, si vous voyez ce que je veux dire – comme si nous prenions notre élan avant de tout quitter. Quoi qu'il en soit, si vous voulez réussir votre vie, si vous voulez qu'elle soit passionnante, gratifiante, audacieuse et pleine de sens, cette Loi prescrit de la vivre, tout simplement. Et c'est ce que vous faites, j'en suis sûr, sinon vous n'auriez pas ce livre entre les mains.

Bon. Alors, pour vivre, comment on fait ? Ma foi, on procède comme pour n'importe quelle autre tâche. On commence par se fixer une cible (un objectif, un but), on élabore le projet, on met au point la série d'actions censées nous amener au but désiré, et puis on se lance.

Imaginez-vous dans la peau du chargé de projet d'une grande entreprise. Votre patron vous demande d'organiser – mettons – la participation à un salon. Vous commencez par définir l'objectif visé : vendre une centaine d'exemplaires d'un produit, distribuer des échantillons, recruter une vingtaine de nouveaux clients. Voilà votre but. Après quoi vous faites la liste des démarches nécessaires : réserver le stand, embaucher le personnel, faire imprimer les brochures publicitaires, etc. Une fois votre stratégie en place, vous identifiez les besoins et vous vous lancez dans la réalisation.

Vivre, c'est un peu la même chose. C'est aussi un projet – mais à bien plus grande échelle, et autrement plus important qu'un stand dans un salon.

Je suis sûr que vous voyez ce que je veux dire. Votre vie, il faut la vivre ; seulement, sans but ni projet, on a vite fait de se laisser aller à l'inaction. Sans idée précise de ce qu'on veut, sans destination claire, les jours se suivent et se confondent sans qu'il en sorte rien.

Ne vous méprenez pas, faire des projets n'exclut pas la spontanéité. Sincèrement, pour moi la vie est loin de se réduire à un projet professionnel. Je la vois comme un défi, une aventure passionnante, enrichissante, stimulante, variée, pleine d'imprévus, bref, plutôt formidable. Mais pour en tirer le maximum, il faut se donner la peine d'y réfléchir un peu. Faute de quoi on se retrouve flottant à vau-l'eau dans le brouillard un jour après l'autre – et descendant la pente.

Jadis, je croyais qu'il suffit de prendre la vie comme elle vient. J'étais une sorte d'aventurier fataliste, prêt à relever tous les défis qui se présentaient à moi. Et puis j'ai pris de plus en plus conscience de l'énorme avantage qu'il y a, plutôt que de se laisser porter au fil des événements, à se fixer un but sur lequel concentrer ses efforts. Ainsi, on met toutes les chances du côté du bonheur.

> Pour tirer le maximum de sa vie, il faut se donner la peine d'y réfléchir un peu.

Loi n° 22

Mettez-vous tous les jours sur votre trente et un

Aujourd'hui est un grand jour. C'est le seul de vos jours qui ait une certaine réalité, alors pourquoi ne pas lui accorder ce statut ? Il est important ; habillez-vous en conséquence. Attention, rien à voir avec ce que me rabâchait ma mère quand j'étais gosse : « Mets un slip et des chaussettes propres, on ne sait jamais, tu pourrais avoir un accident. » J'adorais quand elle me disait ça. Je ne voyais vraiment pas le rapport, alors je me faisais mon cinéma : les infirmières des urgences me retiraient mon pantalon trempé de sang et s'écriaient, horrifiées : « Regardez-moi ça, il n'avait pas changé de slip ! Mettez-le dehors tout de suite ! »

Bon, trêve de plaisanteries. Dans beaucoup de ces Lois, il est question de *prises de conscience* déterminant des choix délibérés, des décisions réfléchies. Car, je l'ai remarqué, ceux qui ont l'air de comprendre quelque chose à ce qu'on appelle la vie sont des gens *conscients*. Ils sont alertes, vigilants. Ils savent ce qu'ils font, où ils vont. Si vous voulez vous aussi faire de votre vie, plutôt qu'une série d'événements arrivant au petit bonheur la chance, une série de défis stimulants, d'expériences enrichissantes, il vous faut *devenir conscient*.

Faites-le en accueillant chaque jour de votre vie comme un grand jour. Au lever, prenez votre douche et pomponnez-vous : brossez-vous les dents, lavez-vous les cheveux, coiffez-vous, rasez-vous ou maquillez-vous – la totale. Pour être bien, sentir bon, vous sentir beau. Ensuite, mettez-vous sur votre trente et un : propre, pratique, élégant et *tutti quanti*, comme si vous alliez à un entretien d'embauche, une fête d'anniversaire ou une soirée mondaine. Si, chaque jour, vous endossez la tenue des grandes occasions, c'est ce que deviendra votre journée.

Si vous êtes bien habillé, les gens auront envers vous une attitude différente, et votre réaction à cette attitude nouvelle se modifiera en conséquence : une réaction en chaîne en forme de spirale ascendante. Je précise qu'il ne s'agit pas ici de formalisme dans la tenue ; pas besoin d'être corsetté et boutonné jusqu'au menton. Bien habillé, c'est tout.

Mais les fins de semaine ? me direz-vous. Les week-ends, on peut quand même se permettre une tenue un peu plus décontractée ? Certainement, mais pas négligée pour autant. Les week-ends, à moins de les passer tous dans la solitude absolue, vous êtes en compagnie de votre famille, vous allez voir vos amis, et ceux-ci méritent que vous leur fassiez honneur, que vous leur prouviez qu'ils sont importants à vos yeux. Je vous assure, même eux n'ont pas envie de vous voir débraillé, mal lavé, mal nippé, mal tenu. Cela dit, c'est de votre propre intérêt qu'il s'agit : en saluant chaque nouveau jour comme un grand jour, vous donnerez un miraculeux coup de pouce à votre assurance, à votre estime de vous, au respect que vous avez pour vous-même.

Il ne suffit pas de me croire sur parole, hein. Essayez, et vous verrez. Si ça ne vous donne pas une pêche d'enfer sous quinze jours, oubliez cette Loi revenez à vos vieilles habitudes. Mais je peux vous garantir que ça marche et que cette approche consciente de chaque journée va vous changer la vie. Vous n'arriverez même plus à vous habiller décontracté volontairement.

Si vous êtes bien habillé, les gens auront envers vous une attitude différente.

Loi n° 23

Ayez un système de croyances

Mais non, mais non, rassurez-vous, je ne vais pas me lancer dans un sermon, faire l'apologie d'une philosophie New Age ou tenter de vous convertir à quelque culte bizarre. Je veux simplement dire ceci : ceux qui peuvent s'appuyer sur un système de croyances dans les périodes de crise s'en tirent mieux que les autres. C'est tout.

Un système de croyances, qu'est-ce qu'on entend par là ? Ah, ça c'est plus dur à expliquer avec des mots. Cela a à voir avec votre vision personnelle du monde, de l'univers et de tout le reste ; avec votre propre conception de ce qu'il adviendra de vous après la mort ; avec l'être auquel vous adressez vos prières quand il fait nuit noire et que vous êtes en peine. Ceux qui ont l'air de se débrouiller le mieux dans ce drôle de truc qu'on appelle la vie sont apparemment ceux qui se sont forgé leur petite idée de tout ça. Peu importe laquelle, d'ailleurs. Vous pouvez croire en un Dieu unique, en des dieux multiples ou en autre chose – par exemple que nous sommes des créatures sorties du laboratoire de je ne sais quels extra-terrestres –, vous pouvez même croire dur comme fer que la Terre est plate, cela n'a aucune importance. Sauf pour vous, évidemment. Mais du moment que vous avez un système de croyances, quel qu'il soit, vous êtes mieux armé pour la vie que les autres. Être un éternel chercheur de vérité ne prédispose pas au bonheur.

Vous allez évidemment me demander : « Et si je n'ai pas trouvé de réponse à mes questions, si je n'adhère à aucun système de croyances, qu'est-ce que je fais ?» Ma foi, continuez à chercher si vous voulez, mais dépêchez-vous de régler le problème, parce que cette Loi est importante. Débrouillez-vous pour consacrer un peu de temps à cette réflexion et assurez-vous que le sujet figure en tête de liste dans vos priorités.

J'ose espérer que vous l'aurez remarqué, je ne cherche pas à vous recommander un système de croyances plutôt qu'un autre. N'importe lequel fera l'affaire, du moment qu'il vous soutient dans l'adversité, qu'il vous réconforte et qu'il répond à vos interrogations sur le sens de la vie et votre place dans l'univers. Vous devez vous sentir à l'aise ; surtout pas de divinité vengeresse qui vous tient à l'œil et vous force à la soumission par la terreur (désolé si vous en avez une de ce genre-là, dans ce cas vous feriez peut-être bien de reconsidérer la question).

C'est peut-être l'occasion de vous demander si votre système de croyances vous rend malheureux ou coupable, s'il exige de vous des amputations, des mutilations ou la modification de votre apparence physique, s'il prescrit l'exclusion de qui que ce soit sur des critères de race ou de sexe, s'il exige un rituel particulier pour vous procurer le réconfort promis. Certains se refuseront à tout système de croyances comportant une quelconque figure de proue à qui l'on doive dévotion, obéissance ou soumission. C'est l'affaire de chacun. Réfléchissez seulement à ce qui vous convient à vous.

Un système de croyances doit être ni plus ni moins qu'une question de foi. Pas besoin de le prouver, de le justifier, de le dévoiler à quiconque (*cf.* la Loi n° 1), de convertir qui que ce soit ni de prêcher la bonne parole au monde entier. Vous avez le droit d'emprunter à des systèmes de croyances existants pour élaborer le vôtre. Le principal, si possible, c'est d'en avoir un.

> Pas besoin de le prouver, de le justifier,
> ni même de le dévoiler à quiconque.

Loi n° 24

Consacrez-vous un petit moment chaque jour

La plupart des gens s'imaginent qu'ils le font, mais la plupart se trompent. Vous avez un petit moment à vous consacrer chaque jour, vous ? Je parie que non. C'est que, voyez-vous, quand nous sommes seuls, nous passons un temps fou à nous faire du souci pour les autres, à prendre soin de notre famille, de nos amis, de nos proches, si bien qu'il nous en reste à peine pour nous-mêmes. Ma proposition n'est ni révolutionnaire, ni extrême, ni irréalisable. Elle est même assez simple : ménagez-vous chaque jour un petit espace de liberté. Accordez-vous ne serait-ce que dix minutes (une demi-heure, si vous pouvez) qui ne seront qu'à vous. C'est égoïste ? Absolument. Ça l'est, bien sûr, et à juste titre : c'est vous le capitaine du vaisseau, son moteur, sa force motrice, sa motivation, c'est vous le rocher de Gibraltar. Vous avez besoin de ce moment pour vous refaire, vous revigorer, vous ressourcer. Vous avez besoin de faire relâche pour recharger vos batteries, réparer vos avaries. Faute de quoi, si vous ne faites pas le plein de carburant, votre moteur tombera en panne et vous avec.

Et à quoi allez-vous donc consacrer ce moment privilégié ? À rien. Absolument rien. Ni à prendre un bain, ni à aller aux toilettes, ni à méditer, ni à dormir, ni à lire le journal. C'est une pause que vous vous accordez, un répit : asseyez-vous, et ne faites rien. Je passe dix minutes dans mon jardin une ou deux fois par jour, à seulement respirer ; c'est pour moi un moyen fantastique de me ressourcer. Je reste assis sans penser, sans me soucier de rien, sans faire quoi que ce soit, seulement occupé à me sentir exister, tout au plaisir d'être vivant.

J'ai découvert cette Loi à l'adolescence ; elle m'était précieuse pour me purger de mes angoisses et de mes soucis. Ma mère m'appelait : « Qu'est-ce que tu fais ? » À quoi je répondais invariablement : « Rien. – Eh bien rentre donc, répliquait-elle, je vais te trouver de quoi t'occuper. » Elle me disait aussi : « Tu n'arriveras jamais à rien, tu as le nez tout le temps fourré dans les livres. » Ou alors, ma préférée : « Tu es bien la seule personne qui ait autant besoin de penser. » Qu'est-ce que vous voulez répondre à ça ?

Je trouve vital ce petit moment consacré à ne rien faire, et aussitôt que je le complique, il perd de ses vertus. Si j'ajoute à ma solitude une tasse de café, cela devient une pause café. Si j'écoute de la musique, c'est un moment musical. Si j'ai de la compagnie avec qui bavarder, c'est devenu une occasion de sociabilité. Si je lis le journal, j'ai totalement abdiqué l'idée d'un moment qui ne serait qu'à moi. Optez plutôt pour la simplicité, le dépouillement, la pureté.

C'est une pause que vous vous accordez, un répit : asseyez-vous, et ne faites absolument rien.

Loi n° 25

Ayez un projet

Il vous faut un projet. Un projet, c'est une carte, un guide, une cible, un objectif, un itinéraire, un panneau indicateur, une direction, un sentier, une stratégie. Il signifie que vous vous apprêtez à aller quelque part, à faire quelque chose, à atteindre un point précis à un moment donné. Il structure votre vie, lui donne une forme, lui confère de la force et un centre de gravité. Si vous abandonnez votre existence au hasard, vous descendrez la pente en un rien de temps. Bon, tous les projets ne réussissent pas à cent pour cent, toutes les cartes ne sont pas des cartes au trésor. Mais au moins, avec un plan et une pelle, vous aurez plus de chances d'en déterrer un que si vous grattez au hasard ou si, comme la plupart des gens, vous ne creusez pas du tout.

Si vous avez un projet, cela montre que vous vous êtes donné le mal de réfléchir un peu à votre vie au lieu de bayer aux corneilles et d'attendre que ça vous tombe du ciel. Ou – comme la plupart des gens, là encore – au lieu de ne pas réfléchir du tout et d'être constamment pris au dépourvu. Définissez ce que vous voulez faire, établissez un plan, faites la liste des actions à entreprendre pour atteindre le but que vous vous êtes fixé, et lancez-vous. Si vous ne montez pas votre projet, il restera à l'état de rêve.

Et si vous n'avez aucun projet, alors, qu'est-ce qu'il se passe ? Eh bien vous aggravez votre propre impression de n'avoir aucun contrôle sur les événements. Tandis que, sitôt votre projet défini, tout le reste se met en place. Une fois ce projet défini, les stades logiques de l'action menant à sa réalisation deviennent clairs, accessibles. Un projet, ce n'est plus un rêve et c'est davantage qu'une intention, cela devient une entreprise. Et cela montre que vous avez réfléchi à la façon de la mettre en œuvre.

Bien sûr, le fait d'avoir un projet ne signifie pas qu'il faut vous y tenir à tout prix, sans dévier d'un millimètre. Un projet, ça se révise, ça s'ajuste, ça s'améliore au gré des besoins. Un projet, ça ne devrait pas être rigide. La situation change ? Vous changez, votre projet évolue. Peu importent les détails du projet. Le tout, c'est d'en avoir un.

Avoir un projet assure vos arrières. Quand la vie s'emballe – et Dieu sait si ça arrive, des fois –, on en perd parfois le nord. Tandis que si on a un projet, on peut y revenir dès qu'on a retrouvé ses esprits. « Voyons, j'en étais où, là ? Ah oui, je me rappelle, j'avais l'intention de… » Et hop ! c'est reparti.

Si vous ne montez pas votre projet,
il restera à l'état de rêve.

Loi n° 26

Cultivez le sens de l'humour

Ça, c'est primordial. Quand on est au plus fort de la mêlée – car la vie peut se révéler une vraie bataille –, il faut rester capable de relativiser. Or les gestes qu'on pose, les choses qu'on prend au sérieux sont parfois tellement hors sujet que c'en est cocasse. On s'enlise dans des futilités, on se perd dans des broutilles, et, pendant ce temps-là, la vie nous file entre les doigts sans même qu'on s'en aperçoive. Il suffit de lâcher du lest sur ce qui n'est pas essentiel pour rectifier le cap. Et le meilleur moyen de le faire, c'est l'humour, l'autodérision : rire de soi-même, de la situation où l'on se trouve. Mais attention, jamais des autres ! Ils sont aussi paumés que nous, alors ils n'ont pas besoin de ça.

On se bloque sur le souci qu'on a de l'opinion des gens, le désir de ce qu'on n'a pas, le regret de ce qu'on n'a pas fait. « Oh ! non, il y a deux semaines que je n'ai pas lavé la voiture, regarde dans quel état elle est ! Les voisins, eux, ils ont lavé la leur hier, on a l'air de souillons à côté ! » Si vous en êtes là, il est urgent de rire de vous-même un bon coup. La vie, c'est fait pour vivre, profiter du soleil, de ce qui en vaut vraiment la peine, pas pour piquer une crise parce qu'on a cassé trois œufs en revenant du marché.

Vous vous apercevrez que rire de vous-même et de ce qui vous arrive a une double vertu. *Primo*, ça détend et aide à retrouver un sens des proportions ; *secundo*, ça fait autant de bien au corps qu'à l'esprit : le rire déclenche la sécrétion d'endorphines qui procurent une sensation de bien-être et donnent une vision plus optimiste de la vie.

Il ne s'agit pas de raconter des blagues ou de débiter des calembours à longueur de journée, mais plutôt de voir le côté comique – il y en a toujours – de tout ce que la vie met sur notre chemin. Un jour, je me suis réveillé d'un coma après un sérieux accident de voiture. J'étais dans un box d'hôpital, et je souffrais atrocement. Quand je suis revenu à moi, il m'a échappé quelques mots bien sentis pour décrire mon état ; au même moment, l'infirmière qui arrivait a écarté le rideau, et j'ai aperçu une bonne sœur assise à côté de mon lit*. J'étais mortifié. Je me suis aussitôt excusé. La nonne m'a jeté un regard grave, puis m'a fait un clin d'œil et a rétorqué : « Ne vous en faites pas, j'en ai dit de bien pires. »

Si vous observez de près tous les aspects du comportement humain, vous remarquerez que chacun a ses ridicules. Apprenez à voir le comique de chaque situation. C'est la meilleure technique pour se détendre immédiatement et déjouer le doute et l'angoisse. Essayez !

> Il s'agit de voir le côté comique – il y en a toujours – de tout ce que la vie met sur notre chemin.

* Rien à voir avec moi, en réalité, je ne l'ai appris qu'après coup : elle attendait tranquillement une de ses consœurs qui se faisait extraire une écharde.

Loi n° 27

Comme on fait son lit on se couche

Toute action, toute décision, tout ce que vous faites a un impact immédiat sur votre entourage – et sur vous-même. Et là est le point important. Le karma à effet immédiat, ça existe. C'est votre propre lit que vous êtes en train de faire, et c'est vous qui allez y coucher. Selon vos actes, votre vie va prendre un bon ou un mauvais tour, rouler comme sur des roulettes ou avancer cahin-caha. Si vous vous montrez égoïste et manipulateur, vous en subirez les conséquences. Si vous êtes affectueux et attentionné, vous en serez récompensé, non pas au paradis après votre mort (ou dans votre prochaine existence, suivant vos convictions), mais ici-bas, et tout de suite.

Croyez-moi, tout ce que vous faites, et la façon dont vous le faites, vous reviendra en pleine face. Je ne le dis pas comme une menace, plutôt comme une constatation. Ceux qui font le bien reçoivent le bien en retour, ceux qui font du mal reçoivent le mal.

Je sais, vous trouverez toujours des exemples de jolis salauds que ça n'a pas empêché de réussir. Mais ils n'en dorment pas la nuit. Ils n'ont personne pour les aimer vraiment. Au fond d'eux-mêmes, ils sont tristes et solitaires, et ils ont peur. Tandis que ceux qui répandent autour d'eux un peu d'amour et de bonté en reçoivent autant en retour.

Ainsi que l'exprime le vieil adage, « Comme on fait son lit on se couche ». Dis-moi ce que tu fais et je te dirai qui tu es. Observez le visage de ceux qui savent apporter la joie et vous le verrez plein de fossettes et de sourires. Regardez ceux qui se moquent d'autrui, qui sont arrogants, exigeants, vicieux ; vous verrez un masque grincheux, les plis amers de la souffrance et de la peur. Des rides qu'aucun bronzage, aucune crème de beauté, aucun lifting ne peut estomper. Ces gens-là ressemblent à leurs actions, cela se voit à leurs yeux. Comme ils font leur lit ils se couchent.

Alors faites votre lit avec soin. Telle action, telle réaction : le karma à effet immédiat est une réalité. Vous récolterez ce que vous avez semé, alors mieux vaut semer le bon grain tout de suite. Faites votre devoir. Toujours. Vous savez quel il est. Quand vous vous coucherez dans ce lit-là, non seulement vous passerez une bonne nuit, mais vous dormirez du sommeil du juste.

> Faites votre devoir.
> Toujours. Vous savez quel il est.

Loi n° 28

La vie, c'est un peu comme la pub

Quelqu'un* a dit un jour que la moitié de son budget publicité était de l'argent gâché, mais qu'il ne savait pas quelle moitié. Autrement dit : faute de savoir ce qui marche vraiment, il faut persister dans la totalité de son action tout en sachant pertinemment que c'est partiellement en pure perte. La vie, c'est un peu comme ça. Quelquefois il y a de quoi râler : vous vous efforcez d'être poli avec les gens, et ils se conduisent avec vous comme des rustres; vous bossez comme un dingue, et vous voyez les autres se tourner les pouces. Eh bien tant pis, il faut continuer à s'investir à cent pour cent parce qu'on ne peut pas savoir quel pourcentage de cette action sera profitable. Je sais que ce n'est pas juste, mais voilà : la vie n'est pas juste. Une partie de vos efforts finira très probablement par être récompensée, mais vous ne saurez jamais exactement laquelle.

On croit parfois à un simple coup de chance alors que ce sont des efforts passés – ça remonte tellement loin qu'on a oublié quoi – qui finissent par porter leurs fruits. Alors il ne faut pas baisser les bras. Il n'est pas question de renoncer au premier échec, ni même au second, parce que vous ne savez pas lequel de ces échecs portera réellement à conséquence. Combien de crapauds (ou de grenouilles) faut-il rencontrer avant de tomber sur celui ou celle qui se transformera en

---

* Je crois que c'était l'industriel lord Leverhulme. (1851-1925, fondateur d'une fabrique de savon devenue aujourd'hui Unilever. *NdT*)

prince (ou en princesse) ? Combien d'huîtres faut-il ouvrir avant de trouver la perle ?

Cela dit, quoi que vous fassiez, ne perdez pas courage sous prétexte que ça ne marche pas du premier coup. La seule garantie de réussite qu'on puisse avoir est la persévérance, et pourtant vous ne saurez jamais lequel de vos efforts aura payé le plus.

La plupart des gens heureux et équilibrés vous diront aussi qu'il faut parfois s'investir sans attendre de retour – mis à part l'avantage immédiat d'être occupé et d'avoir la conscience tranquille. Toujours rechercher le succès, la réussite, une rétribution quelconque peut dégénérer en frustration lorsque rien n'aboutit. De temps en temps, mieux vaut faire les choses juste pour le plaisir. Moi, j'adore peindre des aquarelles miniatures, de tout petits paysages. On me suggère périodiquement de les exposer ou de les mettre en vente dans une galerie. Chaque fois que j'essaie c'est un bide total, et je suis si déçu que j'arrête de peindre. Quand je m'en remets, j'y reviens, et j'ai appris à ne plus considérer la peinture que comme un hobby que je pratique pour mon propre plaisir. Plus question d'exposer ni de vendre. C'est une activité à fonds perdu – et la plus gratifiante qui soit. Vous aurez beau insister, je ne vous montrerai pas mes œuvres.

> Vous ne saurez jamais lequel
> de vos efforts aura payé le plus.

Loi n° 29

Quittez votre cocon

Prenez la bonne résolution de devenir chaque jour un peu plus brave. Pourquoi ? Parce que sinon vous allez stagner, moisir, vous recroqueviller et vous racornir. Nous avons tous un cocon ; dedans, nous nous sentons en sécurité, au chaud et les pieds au sec. Mais de temps à autre il faut mettre le nez dehors, se lancer, oser, chercher des stimulations nouvelles. C'est le moyen de rester jeune et de consolider son estime de soi.

Si l'on est trop frileux, soit on se ratatine, soit un événement vient démanteler ce refuge douillet. Car le destin (ou l'entité qui supervise tout ça) n'aime pas nous laisser ronronner trop longtemps ; périodiquement, il nous envoie un bon coup de pied cosmique aux fesses pour nous réveiller un peu. Lorsqu'on a assoupli au préalable les parois de son petit cocon, le choc n'est pas aussi rude – on s'y est préparé – et on supporte beaucoup mieux l'impact.

Mais au-delà de cela, sortir de son cocon donne confiance et fortifie l'estime de soi. Et l'avantage, c'est qu'on peut procéder par doses homéopathiques. Pas besoin de s'adonner au saut à l'élastique, de marcher sur des charbons ardents ou de coucher avec de parfaits inconnus. Cela peut se réduire à des démarches toutes simples : se lancer dans un domaine où l'on est débutant complet et qui donne le trac, comme un sport ou une pratique artistique. Adhérer à une association. Ou, à l'inverse, pratiquer seul une activité qu'on a toujours exercée en groupe. Ou élever la voix alors que d'habitude on ne donnait jamais son avis.

On s'enferme souvent dans des contraintes qui imposent des limites et freinent les élans. On se juge incapable de faire certaines choses, on en exclut d'autres *a priori*. Relever le défi de sortir de sa coquille enseigne à se dépasser, maintient en état d'apprentissage et d'évolution permanente. Et tant qu'on n'a pas fini d'apprendre, on n'a pas fini de grandir.

Sortir de son cocon donne confiance et fortifie l'estime de soi.

Loi n° 30

Apprenez à poser des questions

Les réponses ne vous plairont peut-être pas, mais au moins vous serez fixé. Or la plupart des problèmes découlent de *présomptions* erronées. Quand on présume, on croit savoir alors qu'on ne sait rien du tout. On prend son scénario hypothétique pour un fait accompli, et c'est la catastrophe. On suppose que les autres sont d'accord, mais on se fait des illusions et tout s'en va en eau de boudin. Alors autant le leur demander tout de suite pour en avoir le cœur net.

Demander contribue à clarifier la situation. Interroger met l'autre en demeure de répondre, autrement dit de réfléchir, et réfléchir est toujours utile, pour tout le monde et en toutes circonstances. Poser des questions aide l'autre à mettre ses pensées au clair. Car toute question exige une réponse, et toute réponse exige que l'on réfléchisse à la situation pour tirer les conclusions logiques de cette réflexion.

Une personne très chère et très sage m'a dit un jour : «Mieux on comprend les croyances, les actions, les désirs et les besoins d'autrui, plus on a de chances de réagir à bon escient, d'adapter son propre raisonnement où c'est nécessaire et généralement de réussir.»

Interroger vous laisse le temps de réfléchir, vous ménage une pause pour reprendre souffle. Plutôt que de foncer dans le brouillard en croyant que vous avez toutes les données en main, mieux vaut poser quelques questions pour vérifier les faits. Cela vous donnera les moyens de réagir logiquement, calmement et correctement.

C'est à cela qu'on reconnaît les véritables adeptes des Lois : ils posent des questions. Les autres, eux, interprètent de travers, prennent leurs hypothèses pour la réalité, paniquent, foncent tête baissée, perdent le contrôle et font généralement n'importe quoi.

Interrogez-vous sans cesse sur vous-même. Demandez-vous pourquoi vous croyez avoir raison – ou tort. Demandez-vous pourquoi vous faites telle chose, pourquoi vous en voulez telle autre, ce qui vous fait adopter telle ligne d'action. Soyez ferme et rigoureux dans votre questionnement, parce vous êtes peut-être le seul à le faire. Et vous en avez besoin. Tout le monde en a besoin. Cela évite de croire à tort qu'on sait mieux que quiconque ce qu'il faut faire pour son propre bien.

N'empêche qu'il y a aussi un temps pour cesser de s'interroger et de poser des questions aux autres. Il faut savoir quand s'arrêter. Il faut l'apprendre, cela prend du temps, et en attendant on continue à faire des erreurs.

Vous avez des questions ?

> Poser des questions aide l'autre
> à mettre ses pensées au clair.

Loi n° 31

Soyez digne

J'ai passé des années à observer les gens qui réussissent leur vie – et je ne parle pas seulement de réussite en termes d'argent ou de carrière foudroyante. En fait, parmi ceux que j'ai rencontrés, le plus accompli menait une existence incroyablement frugale et recluse, et pourtant il possédait vraiment tout – bonheur, sérénité, contentement. C'était quelqu'un dont rien n'aurait pu effacer le sourire intérieur.

Presque tous ceux qui réussissent leur vie ont le sens de leur propre dignité. Qu'est-ce que je veux dire par là ? Eh bien ils ont une personnalité solide, ils savent qui ils sont et ce dont ils sont capables. Ils n'ont pas besoin de rouler des mécaniques ni de se vanter de leurs exploits. Ils ne font pas étalage d'eux-mêmes parce qu'ils se fichent de ce que les autres pensent – ils sont bien assez occupés à vivre leur propre vie. S'ils conservent un certain formalisme, ce n'est pas par peur d'être ridicule ou de gaffer, c'est tout simplement parce qu'ils n'ont pas de temps à perdre à jouer les m'as-tu-vu.

Il est important, si vous voulez devenir un vrai adepte des Lois, que vous adoptiez une attitude sérieuse et pondérée. Restez un peu à l'écart du troupeau, ayez des bonnes manières, soyez poli, courtois, bref, un modèle que les autres aient envie d'imiter. Sans pour autant prendre des airs graves et supérieurs. Il n'est pas interdit de vous amuser, mais évitez de faire le mariole. Ne soyez pas collet monté, mais pas débraillé non plus. Vous pouvez vous détendre, mais pas jusqu'au laisser-aller.

Avoir de la dignité, c'est manifester paisiblement respect et estime de soi. Et c'est fou ce qu'on vous respectera si c'est vous qui avez commencé.

> **Être digne, c'est manifester paisiblement respect et estime de soi.**

Loi n° 32

Les grandes émotions, ce n'est pas interdit

Si vous consacrez toute votre attention à rester digne et serein, on pourrait croire que cela va vous rendre insensible, inaccessible aux grands sentiments et autres émotions. Eh bien j'ai le plaisir de vous annoncer que non. Vous avez le droit de ressentir de la colère si quelqu'un vous agresse. Vous avez le droit d'éprouver un profond chagrin si vous perdez un être cher. Vous avez le droit d'être fou de joie. Vous avez le droit d'avoir peur, d'être anxieux, soulagé, excité, plein d'appréhension, et ainsi de suite.

Nous sommes des êtres humains et, comme tels, nous ressentons des émotions. Tout cela est parfaitement naturel. Il est naturel d'être profondément affecté par des événements émotionnellement importants, et on a le droit de le laisser paraître. Il n'y a pas à avoir honte de ses sentiments. Il n'y a pas de mal à verser des larmes. Refouler ses émotions n'est pas une bonne chose. C'est le meilleur moyen de les mettre sous pression. Mieux vaut les exprimer, les évacuer, et après on peut passer à autre chose.

Se dire qu'il ne faut rien laisser paraître si on ne veut pas être pris pour une mauviette n'aide certainement pas à surmonter les traumatismes, les contrariétés ou les épreuves. Je sais que cela semble contradictoire avec le fait de garder sa dignité, mais éprouver des émotions ne nous la fait pas forcément perdre, à moins qu'on les exprime d'une façon inconvenante ou à mauvais escient.

Il est même parfois totalement légitime de se mettre en colère, du moment qu'on garde le contrôle de soi et qu'on ne se laisse pas aller à des paroles ou à des gestes regrettables. Cette colère rappelle aux autres qu'ils ne peuvent pas se permettre n'importe quoi, et leur fait comprendre qu'on se sent profondément blessé, offensé ou menacé par leurs actes. Évidemment, il n'est pas question de se fâcher pour des broutilles, il faut que le motif en vaille sérieusement la peine. Ne vous défoulez pas non plus sur des innocents : s'il n'y a pas moyen d'adresser sa colère à celui qui l'a méritée, trouvez un moyen pour la laisser sortir sans heurter quiconque. Mais il faut impérativement le faire. Une colère rentrée vous rongera les sangs.

Et pas seulement la colère. Peur, angoisse, grande joie – aucune émotion ne devrait rester inexprimée. Ressentir une émotion forte ne veut pas dire perdre tout contrôle. On peut être très ému tout en restant maître de soi. Si on était insensible et incapable d'être remué jusqu'au tréfonds, on ne serait pas humain. Rien de plus naturel, n'essayez pas de le réprimer. Bien sûr, il est déconseillé se défouler à tout propos et hors de propos, mais c'est en principe contrôlable. Cela dit, si vous commettez un impair, rien ne vous empêchera de vous sentir coupable après coup – vous avez le droit, c'est une émotion aussi.

> Refouler ses émotions n'est pas une bonne chose. C'est le meilleur moyen de les mettre sous pression.

Loi n° 33

Soyez fidèle à la foi donnée

[...] Nous sommes restés fidèles à la foi donnée,
Nous descendrons sans faillir dans les ténèbres,
La tête couronnée de roses !

Ces vers sont extraits d'un poème de Rupert Brooke intitulé « La colline ». Un poème sur le thème de l'amitié, il me semble – à moins qu'il ne s'agisse de tout autre chose, c'est toujours difficile à dire. Mais pour moi ce texte traite de l'amitié entre deux amants ou amis. Il parle de tenir la promesse qu'on a donnée de soutenir, de consoler, de croire en l'autre. Il se peut qu'il s'agisse ici de foi au sens religieux du terme, mais, connaissant l'œuvre de Brooke, je ne le pense pas.

Être fidèle à la foi donnée veut dire tenir sa parole – en l'occurrence celle de rester aux côtés de ses amis dans l'adversité. Ce sont peut-être bien des valeurs passées de mode : l'honneur, la fierté, la loyauté, la fidélité, la confiance, la constance, la force, la lucidité, la ténacité. Mais elles n'en sont pas moins précieuses. Dans la société du jetable où nous vivons, le fait de tenir sa parole, de respecter ses engagements, d'être une personne sur qui l'on peut compter confère une certaine valeur à un individu. Et c'est une bonne chose.

De nos jours, personne ne veut être taxé de gentil, de peur d'être pris pour un petit saint. Pourtant, cela n'a rien à voir. Tenir ses promesses n'engage que soi. Être un petit saint, c'est vouloir convertir les autres. Or, avoir ses propres valeurs et s'en faire une règle de vie (Loi n° 1), c'est très bien. Vouloir en convaincre le monde entier ne l'est pas. Non, je n'entre pas dans cette catégorie : je me contente de vous donner des informations, je n'essaie pas de vous convertir. Ce que vous ferez de l'information que je vous donne dépend entièrement de vous. En revanche, je peux vous garantir que je serai fidèle à la foi donnée et que je vous donnerai exactement les mêmes informations dans vingt ans. Les valeurs passées de mode ne vieillissent jamais (elles ont peut-être toujours été vieilles), et jamais je ne vous laisserai tomber.

Et voici la fin du poème :

> *[…] Et, de fierté, nous avons ri,*
> *Nous qui avions des propos si courageux et si vrais.*

> Tenir ses promesses n'engage que soi.
> Être un petit saint,
> c'est vouloir convertir les autres.

Loi n° 34

Vous ne comprendrez jamais tout

Dites-vous bien que nous, les humains, sommes de minuscules êtres très complexes vivant dans un monde gigantesque (et un univers plus gigantesque encore), très complexe lui aussi. Et celui-ci est si inimaginablement, si extraordinairement étrange que, croyez-moi, nous ne serons jamais capables de le comprendre intégralement. Et cela s'applique à tous les niveaux, et à tous les domaines de la vie. Une fois que vous aurez assimilé cette Loi, vous dormirez bien mieux la nuit.

À l'heure qu'il est, il y a probablement dans votre environnement immédiat un ou deux phénomènes qui dépassent votre entendement, et il y en aura toujours : certaines personnes auront un comportement bizarre auquel vous ne comprendrez rien ; certaines situations évolueront inopinément de travers – ou se remettront d'aplomb – et vous vous en demanderez en vain la raison. Si vous vous cassez la tête à essayer de démêler le pourquoi du comment, ça vous rendra dingue. Mieux vaut accepter le fait que certaines choses nous dépassent, et vous en tenir là. C'est tout simple, en fait.

Le même principe s'applique aux événements essentiels de la vie : la raison de ce qui nous arrive, ce que nous faisons ici-bas, où nous irons ensuite… Pour une part, nous n'en saurons jamais rien ; pour une autre nous pouvons tenter de nous le figurer, mais la réalité, j'en ai peur, risque de ne pas être du tout celle que nous imaginons.

Tout se passe comme si nos vies formaient un gigantesque puzzle dont nous n'apercevons qu'un petit bout, à partir de quoi nous nous lançons dans d'audacieuses hypothèses : « Oh ! Je suis sûr que c'est… » Mais quand le voile se lève sur l'ensemble, nous réalisons qu'il s'agit d'un immense tableau et que le fragment qui était à notre portée appartient en fait à un autre, si bien que nous avons à présent sous les yeux un panorama complètement différent.

De nos jours, nous sommes bombardés par tant d'informations qu'aucun être humain ni aucun ordinateur ne peut les assimiler toutes. Nous ne sommes pas capables de toutes les comprendre. Nous ne sommes même pas capables d'en saisir une fraction infime. Et dans notre vie, c'est pareil : il se passe tant de choses autour de nous que nous n'en distinguerons jamais tous les tenants et aboutissants. Parce que nous n'avons pas plus tôt essayé de le faire que l'image change et que de nouvelles informations affluent, modifiant la conception que nous en avions.

Exercez votre curiosité, posez des questions, étonnez-vous, débattez le sujet avec d'autres si ça vous chante, mais ne vous attendez pas à en retirer une réponse claire et concrète. Les gens ne sont pas toujours intelligibles. La vie n'est pas toujours intelligible. Renoncez à tout comprendre, et vous aurez l'esprit en paix. Il faut parfois se contenter de prendre les choses comme elles sont.

> **Certaines personnes auront un comportement bizarre, certaines situations évolueront de travers – ou se remettront d'aplomb –, et vous vous en demanderez en vain la raison.**

Loi n° 35

Sachez d'où vient le vrai bonheur

Ne vous faites pas d'illusions, je ne vais vous révéler le secret que l'humanité cherche à percer depuis la nuit des temps : l'origine du vrai bonheur. En revanche, je peux vous dire où ce n'est pas la peine de le chercher. Et j'ai même une vague idée de là où il pourrait bien être. Imaginons un scénario : vous vous apprêtez à acheter une nouvelle voiture – une nouvelle maison, un nouvel ordinateur, un costume neuf, ce que vous voulez. Vous en avez les moyens (peu importe d'où vous tenez l'argent, c'est juste un scénario imaginaire). Bon, donc vous effectuez cet achat. Ça vous met aux anges, vous ne vous tenez plus de joie et d'excitation. Maintenant pensez aux ouvriers qui ont fabriqué cet objet : est-ce que ce sont eux qui y ont mis ce sentiment, et vous l'auriez acheté avec ? À mon avis, c'est plutôt qu'il était en déjà vous.

Imaginez à présent que vous tombez amoureux. Là encore, c'est absolument fantastique. Vous voilà au comble du ravissement, de la félicité, du bonheur. Quand vous êtes en présence de votre bien-aimé(e), vous êtes au septième ciel. Est-ce que c'est bien sa présence qui vous met dans cet état ? Eh bien non. Ce sentiment, vous l'avez apporté avec vous. Peut-être avez-vous besoin de l'autre comme déclencheur, mais même si la personne aimée s'en allait à des milliers de kilomètres ce sentiment n'en serait pas moins en vous, malgré son absence.

Vous venez d'être viré. C'est épouvantable. On vous remet votre dossier de demandeur d'emploi et vous rentrez chez vous désespéré.

Dans lequel des documents que vous avez sous le bras ce sentiment est-il inscrit ? Nulle part. À nouveau, c'est en vous qu'il se trouve. Nous allons tous au travail chaque matin avec en nous le sentiment potentiel d'avoir été viré. Et nous faisons chaque jour de nouvelles rencontres avec en nous le sentiment potentiel d'être fou amoureux.

Pourtant, aussi intenses que puissent être ces sentiments – de satisfaction matérielle, d'amour fou, d'échec –, ils ne dureront qu'un temps. Les gens multiplient les aventures amoureuses ou s'adonnent à une consommation effrénée parce qu'ils sont accro à l'euphorie qui y est associée, mais ils ne se rendent pas compte qu'ils la portent en eux. Ils ont besoin de leur « dose » d'amour fou ou de consommation parce qu'ils la croient à l'origine de la sensation qu'ils recherchent. Or le véritable secret, c'est d'être capable de la déclencher sans l'aide de rien ni de personne. Comment ? À vous de le découvrir, je n'en sais rien non plus. Juste un indice : cherchez au seul endroit qu'il ne vous ne viendrait pas à l'idée d'explorer – en vous-même.

À mon avis, il était déjà en vous.

Loi n° 36

Apprenez à lâcher prise

Il arrive qu'on soit obligé de renoncer. Or échouer, laisser tomber, déclarer forfait, nous détestons tous ça. Nous adorons relever les défis que la vie nous lance, quels qu'ils soient, et nous entendons bien lutter jusqu'au bout, jusqu'à la conquête, jusqu'au triomphe le plus complet. Mais parfois on tombe sur un os. Il faut apprendre à reconnaître ces moments-là, à en prendre philosophiquement son parti et à quitter l'arène en gardant sa fierté et sa dignité intactes.

Quelquefois, ce que vous voudriez à tout prix entreprendre est irréaliste. Au lieu de vous laisser abattre, cultivez l'art de savoir renoncer et vous vous épargnerez beaucoup de stress.

Quand une relation arrive à son terme, évitez-lui une agonie interminable, compliquée et potentiellement douloureuse, apprenez à partir. Si c'est mort et bien mort, n'insistez pas, tournez les talons. Cette Loi ne figure pas dans le chapitre consacré au couple parce qu'elle vous concerne, vous : elle est là pour vous protéger, vous ménager. Elle n'a rien à voir avec «l'autre», elle ne regarde que vous. Lorsque quelque chose est mort, ne l'exhumez pas toutes les trente secondes pour lui prendre le pouls. C'est fini, passez à autre chose.

Vous voulez prendre votre revanche? Calmez-vous, laissez tomber. Il vaut bien mieux, car cela montre que vous avez surmonté votre colère, et il n'y a pas de meilleure revanche que celle-là : l'indifférence totale.

Lâcher prise et abandonner la partie signifie que vous êtes capable de vous contrôler et d'exercer votre pouvoir de décision, que vous ne vous laissez pas dicter votre choix par les événements.

Sans vouloir vous vexer, vos petits problèmes – les miens aussi, d'ailleurs – sont de la roupie de sansonnet à l'échelle de l'univers. Laissez tomber, et dans dix ans je parie que vous ne vous en souviendrez même plus. Non, je ne plaide pas la cause du bon vieil adage «le temps guérit tout», mais prendre du recul aide à relativiser ses soucis. Et le meilleur moyen pour cela est de tourner le dos, de s'éloigner et de laisser le temps faire son œuvre.

> Lorsque quelque chose est mort,
> ne l'exhumez pas toutes les trente secondes
> pour lui prendre le pouls. C'est fini,
> passez à autre chose.

Loi n° 37

Prenez soin de vous

C'est vous le boss, le capitaine du navire, sa force motrice. Si vous tombez malade, qui d'autre prendra la barre ? Personne. Alors prenez soin de vous. Je ne suis pas en train de vous faire la leçon – genre : couchez-vous tôt, mangez des légumes verts et faites votre footing tous les jours. Ce serait hypocrite de ma part, vu que je ne fais rien de tout ça moi-même. Remarquez, ce n'est pas une raison pour vous en priver, ça ne peut pas vous faire de mal.

Un petit check-up de temps en temps n'est pas une mauvaise idée non plus, histoire d'étouffer dans l'œuf tout éventuel problème de santé ; moi je fais un bilan annuel. La nourriture a aussi son importance : certains aliments sont de véritables piles d'énergie qui stimulent votre métabolisme et vous donnent une pêche d'enfer, tandis que d'autres vous font seulement fabriquer du lard et vous réduisent à l'état de lavette. Sans compter qu'ils vous encrassent la tuyauterie et sont dommageables à long terme. Enfin, ça vous regarde, mais votre machine corporelle fonctionnera mieux si vous lui mettez du carburant énergétique que si vous la nourrissez de cochonneries.

Idem avec le sommeil. Ne pas dormir assez entretient un état de fatigue ; dormir trop rend léthargique ; dormir juste ce qu'il faut donne la forme. Si on se rendort, on n'aura pas les yeux en face des trous en se réveillant, tandis que si on lève sitôt éveillé on se sent frais, dispos – et noble. C'est l'idéal. Mais évidemment, c'est entièrement votre affaire. Il n'y a plus personne pour vérifier que vous vous êtes lavé derrière les oreilles et que vous avez ciré vos chaussures. Vous êtes une grande personne, maintenant, vous vous débrouillez tout seul. Super. Mais ça veut aussi dire que toute la responsabilité repose sur vous.

Les adeptes des Lois mangent bien, dorment bien, prennent le temps de se détendre et font de l'exercice (en vrai, pas des jeux en ligne). Ils veillent aussi à éviter les situations potentiellement dangereuses. Ils ont la sagesse de ne pas prendre de risques, de se garder des mauvaises rencontres et plus généralement de se prendre en charge.

Prendre soin de soi, c'est ne compter sur personne d'autre pour être bien nourri, bien reposé, propre, bien vêtu, en forme et en bonne santé. C'est ça, être adulte. Vous pouvez évidemment choisir de mener une vie barreau de chaise – ou vivre sainement. La décision vous appartient.

Vous êtes une grande personne maintenant, vous vous débrouillez tout seul.

Loi n° 38

Cultivez les bonnes manières

Dans son merveilleux ouvrage *Watching the English**, Kate Fox note que, dans la société britannique, la moindre petite transaction, comme d'acheter un journal, s'accompagne de trois « s'il vous plaît » et de deux « merci » – au moins. C'est un fait, les Anglais (ainsi que quelques autres nations) sont terriblement polis. Et alors ? Nous avons à assurer un certain nombre de relations sociales chaque jour, et un peu de courtoisie ne fait de mal à personne. Un adepte des Lois cultive les bonnes manières en toute situation. Alors, si vous n'avez aucune notion de ce que sont les bonnes manières, c'est mal parti.

Vous pensez probablement que vous êtes bien élevé ; c'est ce que croient la plupart des gens. Quoi qu'il en soit, plus on est pressé, plus on a tendance à négliger les règles élémentaires de la politesse. Admettons-le, il suffit d'un peu de fatigue pour que les remerciements passent à l'as, et quand on court pour attraper un train on ne résiste pas à l'envie de bousculer le lambin qui a le malheur de nous retarder.

Pourtant, quel que soit votre état de stress ou de précipitation (d'ailleurs, en bon adepte des Lois vous devriez être de plus en plus calme), la consigne est de toujours respecter les bonnes manières suivantes :

---

* Kate Fox, *Watching the English. The Hidden Rules of English Behaviour*, Hodder & Stoughton, 2004.

- ne pas resquiller dans les files d'attente ;
- ne pas oublier les compliments quand ils sont dus (et mérités, car il ne rime à rien de flatter à tout va) ;
- ne pas fourrer votre nez dans ce qui ne vous regarde pas ;
- tenir vos promesses ;
- garder les secrets qu'on vous confie ;
- respecter les manières de table (vous savez bien : ne pas mettre les coudes sur la table, ne pas parler la bouche pleine, ne pas bâfrer, ne pas en mettre partout sur la nappe…) ;
- ne pas insulter les gens qui vous empêchent d'avancer ;
- être courtois ;
- ne pas proférer de gros jurons ou blasphèmes ;
- ouvrir la porte et vous effacer devant celui qui vous suit ;
- vous excuser si vous marchez sur les pieds de quelqu'un ;
- attendre votre tour en cas d'affluence ;
- répondre quand on vous parle ;
- dire bonjour, au revoir, etc. ;
- remercier quand on vous a rendu un service ;
- avoir le sens de l'hospitalité ;
- respecter les usages des étrangers chez qui vous êtes invité ;
- ne pas vous jeter sur la dernière part de gâteau ;
- vous montrer affable et charmant ;
- recevoir dignement vos visiteurs et les raccompagner à la porte.

Quel que soit de nombre de petits échanges sociaux que vous ayez chaque jour, ne négligez pas les bonnes manières. La politesse ne coûte rien, pourtant elle peut rapporter beaucoup de bonne volonté et rendre la vie plus plaisante pour tout le monde.

Loi n° 39

Faites régulièrement le tri

Pourquoi ? Parce que laisser s'accumuler du bazar vous encombre la maison, la vie et la tête. Et une maison qui est un vrai foutoir est le signe d'une pensée confuse. Or les adeptes des Lois ont l'esprit clair, direct et concis, et ne collectionnent rien d'inutile – encore que, on a tous un peu ce défaut-là. En tout cas, faites au moins un peu le tri de temps en temps, avant de vous sentir trop submergé par un bric-à-brac couvert de toiles d'araignées.

Faire le ménage dans vos affaires vous permettra d'en éliminer les nids à poussière qui ne servent à rien, tout ce qui est déglingué, cassé, en double, moche, mal fichu, passé de mode. Après tout, le grand William Morris en personne préconisait de se débarrasser de tout objet qui n'était ni beau ni utile. Après un bon nettoyage par le vide, vous vous sentirez frais et dispos, conscient de ce que vous avez tendance à accumuler – et, dans l'optique de cet ouvrage, toute prise de conscience est une bonne chose.

Là encore, j'ai noté une grande différence entre les gens qui réussissent leur vie et les gens qui rament sans arriver à rien. Ceux qui ont la pêche savent élaguer, faire le ménage, trier le bon grain de l'ivraie. Ceux qui ne décollent jamais sont lestés d'horribles bibelots qu'ils n'ont jamais eu le cœur de jeter, de placards encombrés de vaisselle et d'ustensiles hors d'usage, d'armoires bourrées de vieux vêtements tout juste bons pour un magasin de fripes.

Faire le tri soulage d'un poids. Outre la place qu'on gagne, on se sent davantage maître de soi, on respire plus à l'aise, même si on ne vit pas dans un impeccable intérieur au décor minimaliste et à l'ameublement design.

Juste une suggestion : pour faire le point sur ce qui est de trop chez vous, jetez donc un coup d'œil dans le placard sous l'évier, sous le lit et en haut de votre armoire.

> Faites un peu le tri avant de vous sentir trop submergé par un bric-à-brac couvert de toiles d'araignées.

Loi n° 40

Revenez de temps en temps au port

Pour revenir à quai, il faut savoir où est son port d'attache. Le port d'attache, c'est là où on se sent chez soi. C'est le lieu qui procure sécurité et confort affectif, où l'on se sent aimé, étayé par la confiance des autres, où l'on va s'amarrer pour restaurer ses forces. Là où on se sent solide et en possession de soi-même. Là où on peut se mettre à l'aise et se détendre, au propre comme au figuré, parce qu'on se sait entouré de sollicitude.

Nous menons une existence de plus en plus surmenée, stressée, frénétique. Nous sommes tous pris dans le tohu-bohu de la vie, parfois au point de ne plus savoir où nous allons, ce que nous étions en train de faire, ce que nous voulions réaliser. Rentrer au port signifie revenir où tout a commencé, nos rêves, nos projets. Là où nous étions avant de perdre le cap.

Ce retour au port peut consister à redécouvrir ses racines – une démarche essentielle en cette époque de migrations tous azimuts –, à savoir qui est sa famille, d'où l'on vient, quelle est sa véritable culture d'origine. Même s'il est louable d'avoir de l'ambition, de vouloir évoluer et s'élever socialement, connaître sa « case départ » n'en a pas moins son importance. Lorsque des personnalités devenues incroyablement riches et célèbres tentent de renier ou de maquiller leur passé, elles deviennent creuses et artificielles.

Votre port d'attache peut être un lieu d'enfance qui vous rappelle les émotions de cette période de la vie, vos espoirs et vos peurs, votre «moi» de jeunesse. Ou cela peut être une personne, un(e) ami(e) intime du temps jadis capable de vous remémorer celui ou celle que vous étiez avant que tout ne se complique.

Bien sûr, pour certains d'entre nous les origines sont obscures, il y a des exceptions et des circonstances atténuantes. Mais même un enfant adopté a été élevé quelque part. Quels qu'aient été les événements de votre vie, en cherchant bien vous trouverez sûrement quelque chose qui peut faire office d'ancrage, sans que cela soit nécessairement le lieu où vous êtes né et où vous avez grandi. Et, à défaut, vous pouvez vous en créer un de toutes pièces. Peu importe quoi, du moment qu'il vous procure un sentiment de sécurité.

Nous avons tous besoin d'une personne ou d'un lieu qui nous permette d'être nous-même sans avoir à expliquer, argumenter, justifier, donner le change. La joie de rentrer au port, c'est le bonheur de se sentir accepté inconditionnellement, d'être quelque part où seul l'essentiel a droit de cité. Rentrer au port, c'est quand on se dit : ouf! pourquoi diable suis-je resté parti si longtemps?

C'est là où vous étiez
avant de perdre le cap.

Loi n° 41

Délimitez votre territoire

Les frontières de votre territoire intime sont les lignes imaginaires que vous tracez autour de vous et que nul n'est autorisé à franchir, ni physiquement – à moins d'y être invité –, ni émotionnellement. Vous avez des droits : le droit au respect, à la confidentialité, à la décence, à la bienveillance, à l'amour, à la fidélité et à l'honneur, pour n'en nommer que quelques-uns. Si quelqu'un franchit indûment vos frontières, brouille ces limites, vous avez le droit de vous y opposer : « Stop ! Cela, je ne le tolérerai pas ! »

Mais auparavant, ces limites, il vous faut les tracer. Pour cela, vous devez définir ce qui est vous et ce qui ne l'est pas. Il faut délimiter mentalement ses propres frontières avant de pouvoir attendre des autres qu'il les respectent.

Plus vous serez sûr des limites de votre territoire, moins les autres auront le pouvoir de vous déstabiliser. Plus vos frontières seront clairement fixées, plus vous distinguerez dans le comportement des gens ce qui a à voir avec eux et non avec vous, et vous cesserez de prendre la mouche à tout moment.

Vous vous devez un respect élémentaire. Et vous ne pouvez attendre des autres qu'ils vous respectent si vous ne vous respectez pas vous-même. Or vous ne pouvez vous respecter à moins d'avoir élaboré une image claire de la personne que vous êtes. Tracer vos frontières fait partie de ce processus, et vous devez vous accorder assez d'importance pour être capable de le mener à bien. Enfin, une fois ces frontières tracées, vous devez les imposer assez fermement pour les consolider.

Avoir délimité votre territoire personnel signifie que vous n'avez plus rien à craindre les autres. Vous possédez désormais la notion claire de ce que vous tolérez et ne tolérez pas. S'il arrive à quiconque de transgresser la frontière entre correct et incorrect, il vous est facile d'y mettre le holà : « Non, je ne veux pas qu'on me traite/qu'on me parle ainsi ! »

Le mieux, c'est probablement de commencer dans le cadre de vos relations familiales. Au fil des années, nous nous figeons dans des modèles de comportement. Par exemple, vous rendez régulièrement visite à vos parents et vous en revenez déprimé parce qu'ils vous critiquent et que vous vous sentez nul. Eh bien vous pouvez y remédier. Dites-vous intérieurement : « Plus question de tolérer ça ! » Et, dès lors, appliquez ce principe. Exprimez-le franchement. Déclarez-leur que vous ne voulez plus qu'ils vous critiquent, qu'ils vous réprimandent, qu'ils vous traitent comme un bébé, parce que vous êtes un adulte et que vous avez droit à leur respect et à leur soutien.

Fixer ainsi ses frontières donne la capacité de résister à la pression, à la brutalité, à l'agressivité, aux tentatives d'exploitation. Les gens qui réussissent leur vie sont conscients de leur propre valeur, ils ne se laissent pas marcher sur les pieds. Ils reconnaissent d'emblée le chantage affectif, démasquent les imposteurs, les requins, les vampires, les âmes en peine et ceux qui éprouvent le besoin d'écraser les autres pour se faire mousser. Une fois bien défendu par ces frontières tracées autour de vous, vous n'aurez plus de difficulté à être ferme, résolu, fort et sûr de vous.

Avoir délimité votre territoire personnel signifie que vous n'avez plus rien à craindre les autres.

Loi n° 42

Faites des achats de qualité

C'est à mon épouse que je dois cette Loi-ci, je dois l'admettre, et je lui en serai éternellement reconnaissant. J'avais pour habitude, quand je faisais un achat, de regarder le prix d'abord. Cela me paraissait naturel – c'est peut-être là un travers bien masculin. Une fois que j'avais décidé de ce que je voulais, je me mettais en quête du moins cher possible, et quand je l'avais trouvé j'étais vraiment ravi d'avoir économisé de l'argent. Mais ensuite, je déchantais toujours. Ça cassait, ça se détraquait, c'était vite usé et éculé. J'accumulais les cochonneries, même si elles ne m'avaient pas coûté grand-chose. Bref, j'avais besoin d'apprendre l'art de faire des achats de qualité.

En voici les principes :

- N'acceptez que la qualité supérieure, *jamais* moins.
- Si vous n'avez pas les moyens, n'achetez pas, ou attendez d'avoir fait des économies.
- Si vous avez absolument besoin de l'objet en question, achetez ce que vous trouvez de mieux pour les moyens que vous avez.

Voilà, c'est pourtant simple, non ? Eh bien, ça ne l'était pas pour moi. J'ai mis un bon bout de temps à m'y faire. Non que je n'aie pas le sens de la qualité ou que je n'apprécie pas l'excellence, mais parce que je suis un impulsif. Quand ça me prenait de vouloir quelque chose, il me le fallait tout de suite. Et lorsque la meilleure qualité n'était pas à ma portée, j'achetais au meilleur prix. De fait – et c'est très anglais –, je croyais que le principal, c'est de « faire une affaire ». Nous n'aimons pas parler d'argent, nous autres, et nous n'aimons pas nous vanter de ce que ça nous a coûté, c'est de mauvais goût, alors nous préférons carrément acheter de la saloperie. À tort.

Choisir la qualité ne veut pas dire qu'on est snob, friqué ou qu'on vit au-dessus de ses moyens – si vous n'avez pas les moyens, n'achetez pas, voilà tout. Choisir la qualité signifie que vous appréciez les belles choses et que vous comprenez l'avantage d'acquérir des produits bien conçus et soigneusement fabriqués, car :

- ils durent plus longtemps ;
- ils sont plus solides ;
- ils ne se détraquent pas au premier usage.

Ils n'auront donc pas à être remplacés aussi souvent, autrement dit ils vous feront économiser de l'argent. En outre, ils feront bonne impression et vous serez content de vous.

Maintenant que j'ai accroché à cette Loi, j'ai vraiment du plaisir à faire un achat. Je m'assure que c'est bien la qualité qui me motive, et non le prix. Cela ne m'empêche pas de chercher la meilleure affaire ; la différence, c'est que je recherche la qualité sans exclure de la trouver au meilleur prix.

> Si vous n'avez pas les moyens,
> n'achetez pas, voilà tout.

Loi n° 43

On peut se faire du souci, ou apprendre à ne pas s'en faire

L'avenir est incertain, effrayant, caché. On ne serait pas humain si on ne se faisait pas du souci de temps en temps. On s'inquiète pour sa santé, ses parents, ses amis, ses enfants, son conjoint, son emploi et ses finances. On s'inquiète parce qu'on se sent vieillir, qu'on fatigue davantage, qu'on prend du poids, qu'on a moins d'argent, moins de charme, moins de mémoire, moins la forme, moins de tout. On s'inquiète pour des choses importantes et d'autres qui ne le sont pas. Parfois on s'inquiète même de ne pas avoir de motifs d'inquiétude.

OK, on peut se faire du souci, du moment qu'il y a de bonnes raisons. Sinon, tout ce qu'on y gagne ce sont des rides et des cheveux blancs – et ça fait paraître vieux avant l'âge, vous savez.

Commencez par réfléchir : est-ce que vous pouvez faire quelque chose pour améliorer la situation qui vous inquiète ? Il suffit généralement d'un peu de logique pour éliminer le souci en question. Mais ce qui m'inquiète, moi, c'est que beaucoup de gens préfèrent se cramponner à leurs soucis plutôt que de s'en libérer.

Si vous êtes inquiet, vous devriez :

- solliciter un conseil ;
- vérifier vos informations ;
- tenter une action, peu importe laquelle du moment qu'elle est constructive.

Si c'est votre santé qui vous inquiète, consultez un médecin. Si ce sont vos finances, établissez un budget et rationalisez vos dépenses. Si c'est votre poids, attelez-vous à un régime, inscrivez-vous à un cours de gym, remuez-vous. Si vous avez perdu votre chat, appelez la SPA ou posez des annonces. Si c'est l'âge qui vous donne du souci, à quoi bon, ça ne vous empêchera pas de vieillir.

Si vous ne pouvez rien faire pour éliminer la cause de votre inquiétude – ou si vous êtes un angoissé chronique, à la limite de la névrose –, alors changez-vous les idées, c'est la seule solution. Trouvez-vous une occupation. Un psychologue hongrois au nom imprononçable, Mihail Csikszentmihalyi, a identifié un phénomène qu'il nomme le « flux »* : c'est ce qui se produit lorsqu'on est si profondément absorbé par une tâche qu'on en devient presque absent au monde extérieur. C'est un état extrêmement agréable, et qui ne laisse aucune place à l'inquiétude. Par ailleurs, ce psychologue déclare également : « Notre qualité de vie s'améliore considérablement lorsque au moins une personne veut bien prêter l'oreille au récit de nos soucis. »

Mais l'inquiétude peut aussi trahir le fait qu'on n'a pas vraiment l'intention de trouver une solution. Continuer à se faire du souci, en réalité ou seulement en apparence, est peut-être plus facile que de s'attaquer vraiment au problème. Or, s'il est admissible de se faire du souci utilement, pour des raisons valables, il l'est moins de s'en faire sans raison et pour rien. On le peut, mais c'est un énorme gaspillage de vie.

> Tout ce qu'on y gagne ce sont des rides
> et des cheveux blancs – et ça fait paraître
> vieux avant l'âge, vous savez.

* Mihail Csikszentmihalyi, *Finding Flow*, paru en français sous le titre *Mieux vivre*, Paris, Pocket Évolution, 2006 ; voir aussi *Vivre. La Psychologie du bonheur*, 2006, chez le même éditeur.

Loi n° 44

Restez jeune

Je viens de vous dire que si vieillir vous inquiète, mieux vaut cesser de vous en faire parce que ça n'y changera rien. À quoi rime donc cette Loi : « Restez jeune » ? C'est que, si le vieillissement physique qui vient avec le temps est notre sort à tous, s'il est inévitable et si tenter de le freiner à coups de chirurgie plastique et autres élixirs de jouvence est totalement vain, alors mieux vaut choisir de rester jeune – je veux dire jeune d'esprit et de cœur. Dans un de ses sketchs, l'humoriste Billy Connolly se penche pour ramasser quelque chose par terre en émettant le drôle de petit grognement qui échappe aux vieux quand ils font un effort ; puis il fait comiquement remarquer qu'il ne sait pas trop depuis quand il s'est mis à faire ce bruit-là, mais que c'est devenu une habitude. C'est justement de cela que je veux parler, de tous ces bruits et ces gestes de vieux qui nous viennent petit à petit et trahissent notre âge : les trois tours de cache-nez quand on sort de peur d'attraper un coup de froid ; la manie de suspendre proprement son pardessus sur un cintre en rentrant, même si on sait pertinemment qu'on va ressortir dans cinq minutes ; l'envie de se mettre les pieds au chaud dans ses pantoufles et de ne pas bouger de chez soi ; la sécurité des routines – « Nous, on loue toujours le même gîte pour les vacances, au moins on sait qu'on ne sera pas déçus ».

Hier je lisais un reportage sur un type de soixante-dix-huit ans qui venait de randonner sac au dos dans les îles grecques avec son fils, lequel avouait avoir eu du mal à suivre son père. Eh bien, voilà ce que j'appelle rester jeune. Je connais une femme de la soixantaine qui déclare se sentir intérieurement la même que quand elle avait vingt ans – ça se voit, d'ailleurs. Ça aussi, c'est rester jeune.

Rester jeune, c'est se lancer dans de nouvelles expériences au lieu de devenir un vieux grincheux. C'est rester en prise avec les événements. C'est ne pas choisir systématiquement la sécurité. C'est ne pas renoncer à des activités comme le vélo sous prétexte qu'on a passé l'âge. (Chers très jeunes lecteurs, je vous prie d'excuser ce couplet, mais il s'appliquera à vous plus tard, croyez-moi !)

Rester jeune, c'est essayer de nouvelles saveurs, de nouveaux styles, de nouveaux buts d'escapade, c'est garder l'esprit ouvert, ne pas devenir réac (mmm, j'aurais besoin de relire ce passage), ne pas regarder la vie d'un œil de plus en plus désapprobateur, ne pas se cramponner à ses routines. Rester jeune, c'est conserver la fraîcheur de sa vision du monde, c'est être curieux, enthousiaste, motivé, aventureux.

Rester jeune, c'est un état d'esprit.

Rester jeune, c'est essayer de nouvelles saveurs, de nouveaux styles, de nouveaux buts d'escapade.

Loi n° 45

L'argent n'est pas une panacée

Il y a des années, je travaillais dans une entreprise dont le patron disait avec un soupir chaque fois que quelque chose allait de travers : «Bon, on peut toujours essayer de régler le problème à l'américaine*.» Il voulait dire par là avoir recours à une injection massive d'argent. Dans le monde du travail, c'est souvent une méthode miracle; mais dans la vie privée les problèmes nécessitent généralement un traitement plus précis, un toucher plus délicat. Or nous avons tendance à croire qu'il suffit de dégainer son carnet de chèques pour que la situation se remette d'elle-même, que cela nous dispensera d'y consacrer du temps, du soin et de la réflexion.

Revenons au sujet précédent : vieillir. On s'imagine que l'argent – en l'occurrence, de coûteuses interventions de chirurgie esthétique – a le pouvoir d'en effacer les méfaits, eh bien non; cela retarde l'échéance, tout au plus, et le remède peut même se révéler pire que le mal. Il vaut bien mieux s'appliquer à conserver sa jeunesse d'esprit et aborder l'âge avec grâce et dignité. De même, si l'un de vos êtres chers semble distrait, tendu, soucieux, cela lui fera peut-être plaisir que vous lui achetiez un cadeau, mais ce qui lui fera le plus de bien (et vous coûtera moins cher), c'est que vous preniez le temps d'aller faire un petit tour avec

* Soit dit sans vouloir insulter les Américains ni critiquer leurs méthodes de gestion. D'ailleurs, pour les entreprises, ça marche. C'est seulement dans la vie privée que ça ne marche pas si bien que ça.

lui et de lui demander ce qui le préoccupe, pour lui donner l'occasion de parler de ses soucis.

Aujourd'hui nous considérons l'argent comme une panacée. Or, souvent, le meilleur remède est peut-être simplement le temps, la patience et l'attention, comme autrefois. Nos grands-parents, eux, ne fichaient pas un truc à la poubelle quand il tombait en panne pour en acheter un neuf; ils le démontaient, l'auscultaient, essayaient de trouver ce qui n'allait pas et de le réparer – qu'il s'agisse d'une relation, d'une montre ou d'une bouilloire électrique.

Dégainer le carnet de chèques donne une illusion de puissance et de maturité, alors qu'il vaudrait mieux réfléchir : est-ce qu'on ne pourrait pas plutôt éviter le problème en modifiant la situation? En la matière, je ne suis pas meilleur que d'autres – avec moi, le pire ce sont les voitures. J'achète une auto – généralement un modèle hors de prix, capricieux et coûteux à réparer. Quand elle tombe en panne, ce qui arrive invariablement, je fais venir la dépanneuse et le garage me coûte une fortune. Si seulement j'avais compris avant de l'acheter que ce type de véhicule n'était pas du tout un bon choix, ça m'aurait beaucoup simplifié la vie. Réparer les dégâts à coups d'argent ne résout pas le problème, il est simplement remis à plus tard, reporté jusqu'à la prochaine panne. Parce que ça se reproduira, croyez-moi. Dans un cas comme celui-là, la solution «à l'américaine» n'est vraiment pas une solution du tout.

Dégainer le carnet de chèques ne résout pas le problème, il est simplement remis à plus tard.

Loi n° 46

Pensez par vous-même

Vous allez trouver cette Loi tellement évidente que vous vous demanderez ce qu'elle fait ici. Excusez-moi si j'ai l'air de vous prendre pour des gamins ou des imbéciles, ou si je suis carrément vexant. Ce n'est absolument pas mon intention, et je suis ravi d'apprendre que vous pensez par vous-même comme des grands. Ce que je veux indiquer par cette Loi, c'est qu'il faut mettre ses opinions parfaitement au clair en les fondant sur une solide notion de sa propre identité, et que cette identité, il faut l'affirmer afin de ne pas se laisser influencer par ce que les autres pensent de nous. Et c'est bien plus dur qu'il n'y paraît au premier abord. Car nous sommes tous vulnérables, nous avons tous nos failles, nos peurs, nos soucis. Nous voulons tous nous sentir aimés, acceptés, nous fondre dans la masse, être comme les autres, être reconnus. Nous voulons tous faire partie d'un tout – et pour cela nous dirions presque : «Je serai celui que vous voulez que je sois.»

Être original, différent, faire preuve de créativité nous fait craindre d'être rejeté par les autres. Pourtant les gens qui réussissent vraiment leur vie ne sont pas rejetés, bien au contraire : ce sont eux qui donnent le ton, justement parce qu'ils sont originaux, différents. Bien sûr, si vous vous montrez grossier, désagréable, blessant, vous vous ferez mettre au ban. Mais si vous êtes gentil, affectueux, attentionné, respectueux, on vous aimera et on vous acceptera. Et si en outre vous professez des opinions originales, vous serez estimé, admiré et pris comme modèle.

Pour penser par vous-même et vous faire votre propre opinion, vous devez avoir une personnalité bien affirmée, et penser non seulement en toute indépendance mais avec clarté. Car à quoi servirait une pensée originale qui serait confuse et invertébrée ?

J'ai une amie, certes très intelligente et avisée, mais qui tire toutes ses opinions des colonnes d'un certain grand quotidien national que lui. Quel que soit le sujet du jour, vous pouvez être sûr qu'elle se range à la même conclusion que lui. C'est son journal, et elle lui fait aveuglément confiance sans même voir à quel point cela rend ses opinions prévisibles, puisqu'elles découlent de ce qu'elle a lu. Elle défendra ses vues ardemment, par un raisonnement intelligemment argumenté, mais sans dévier d'un iota des positions prises par le journal en question. Il nous arrive à tous d'être un peu comme elle, alors veillons à varier de temps à autres nos sources pour être sûr de rester objectifs et bien informés.

Inutile de préciser que, pour penser en toute indépendance, il faut : a) un sujet de rélexion ; b) la capacité de penser. Passez en revue une liste de gens que vous connaissez. S'ils sont bien dans leur peau, je parie qu'ils ont les deux. S'ils galèrent et ont des problèmes, je parie qu'ils n'ont ni l'un ni l'autre.

> Nous voulons tous nous sentir aimés,
> acceptés, nous fondre dans la masse,
> être comme les autres.

Loi n° 47

Ce n'est pas vous le responsable de tout

Eh bien non, ce n'est pas vous. Vous n'en revenez pas ? Vous voudriez bien l'être, vous croyez l'être, vous mériteriez de l'être – mais non, désolé, ce n'est pas vous. Ce qui ne veut pas dire pour autant que ce soit quelqu'un d'autre. Nous sommes tous embarqués dans le même avion et peut-être n'a-t-il pas de pilote – ou peut-être en a-t-il un, qui sait ? (Et peut-être ce pilote est-il fou, ivre ou profondément endormi, mais c'est une autre histoire.)

Une fois admis que ce n'est pas vous le responsable de tout, vous pourrez largement lâcher prise et ce sera un sacré soulagement. Au lieu de gémir que le monde ne va pas comme il devrait, vous l'accepterez comme il est, voilà tout. Au lieu de vous taper la tête (au figuré) contre un mur (imaginaire), vous serez libre d'aller votre petit bonhomme de chemin en sifflotant, les mains dans les poches. Car après tout, puisque ce n'est pas vous le pilote, ce n'est pas vous le responsable.

Et quand vous vous serez bien mis dans le crâne le merveilleux concept que vous êtes ici-bas non pas pour être aux commandes mais pour jouir de la vie, vous pourrez profiter du soleil et prendre un peu plus de bon temps.

C'est sûr, il se passe des choses. Bonnes et mauvaises. Il y a peut-être un pilote dans l'avion, ou peut-être pas. Vous pouvez le blâmer si ça vous chante. Ou accepter que, s'il n'y a pas de pilote (et même s'il y en a un, d'ailleurs), le voyage sera tantôt périlleux, tantôt passionnant, tantôt ennuyeux, tantôt magnifique. Le bon et le mauvais sont tous deux nécessaires. C'est un fait. Or, si vous ou moi étions aux commandes, nous aurions tendance à bien trop nous en mêler et à éliminer presque tout le mauvais ; résultat, l'espèce humaine aurait tôt fait de s'éteindre par stagnation, faute de défis à relever, de motivation, de stimulation. Car c'est ce qui va mal qui nous allume, nous fait apprendre, nous donne une raison de vivre. Si tout allait bien, le monde serait d'un ennui mortel.

Mais attention, même si ce n'est pas vous le réalisateur du spectacle, cela ne vous dispense pas d'y tenir votre rôle. Vous n'en avez pas moins quelques obligations : respecter le monde dans lequel vous vivez et ceux qui le partagent avec vous. Ce dont vous n'avez pas la responsabilité, ce sont seulement la mise en scène et la régie de l'ensemble.

Ça, ça ne dépend pas de vous. Vous pouvez vous carrer dans votre fauteuil, applaudir quand tout va bien, pleurer quand c'est triste et fermer les yeux quand ça fait peur. Vous n'êtes pas le metteur en scène ni le projectionniste. Vous n'êtes même pas l'ouvreuse. Vous êtes un simple spectateur. Alors amusez-vous bien !

> Une fois admis que ce n'est pas vous le responsable de tout, vous pourrez largement lâcher prise et ce sera un sacré soulagement.

Loi n° 48

Oubliez-vous dans une passion

J'ai une amie qui ne jure que par les lévriers qu'elle a recueillis. Elle peut se trouver dans un creux de vague terrible, en avoir plus que marre, rentrer du boulot crevée et dans une humeur massacrante après une vraie journée de galère – il suffit que ses protégés l'accueillent à la porte en lui faisant fête pour que la vie vaille à nouveau d'être vécue, que tous les nuages noirs se dissipent et qu'elle se sente instantanément réconfortée, rassérénée, aimée, heureuse. C'est un scandale, mais c'est comme ça (je blague).

Dans mon cas, ce sont mes enfants et ma maison. Mes gosses ont beau me faire parfois tourner en bourrique, le fait de les voir grandir, de partager le regard qu'ils ont sur le monde a pour moi quelque chose de miraculeux. Quant à mon lieu de vie, rien que la perspective de rentrer chez moi me donne instantanément la pêche.

À chacun son truc, mais nous avons tous quelque chose qui a le pouvoir quasi magique d'appuyer sur notre déclencheur positif. Et ce que je trouve merveilleux, c'est qu'il s'agit généralement de choses qui ne coûtent pas un sou : un paysage, un être qui nous est cher, un animal familier ou un enfant, un livre de chevet ou un film favori qui nous aident à recharger nos batteries lorsque nous en avons besoin. Pour certains, ce sera un état de conscience auquel ils accèdent au moyen d'un rituel – méditation ou prière dans un sanctuaire particulier –, ou bien une musique qui leur réjouit le cœur. Pour d'autres, ce sera le classement de leur collection de timbres, ou le bénévolat (rien de tel que de s'occuper des autres pour lever le nez de son nombril). Alors trouvez-vous quelque chose, peu importe quoi, et sachez le solliciter. Car à quoi bon adorer un morceau de musique si on ne l'écoute pas de temps à autre ?

Nous avons tous besoin de quelque chose dans notre vie qui nous aide à nous oublier un peu et aussi, peut-être, nous empêche de nous prendre trop au sérieux. Un enfant, un chien, un brin de causette avec une personne âgée solitaire, quelque chose qui relativise nos petits tracas et nous redonne le goût des simples joies de l'existence.

> À quoi bon adorer un morceau de musique si on ne l'écoute pas de temps à autre ?

Loi n° 49

Il n'y a que les gens bien qui se sentent coupables

Les méchants ne se sentent jamais coupables ; ils sont méchants, ils ne s'occupent pas du reste. Les bons, eux, éprouvent de la culpabilité s'ils ont trahi quelqu'un, fait une bêtise ou causé un dommage quelconque, justement parce que ce sont des gens bien et qu'ils sont conscients d'avoir commis une mauvaise action. Les bons possèdent une conscience ; les méchants n'en ont pas. Alors, si vous vous sentez coupable, c'est bon signe. Ça montre que vous êtes sur la bonne voie. Mais encore faut-il que vous sachiez le gérer, car la culpabilité en soi est une émotion terriblement égoïste. C'est un gâchis et ça ne sert à rien.

On a le choix entre deux attitudes : soit réparer ses torts, soit se débarrasser délibérément de sa culpabilité. Tout le monde peut se tromper, tout le monde fait des bêtises de temps en temps, on n'agit pas toujours comme on le devrait, et, si on a un tant soit peu de conscience, on se sentira quelquefois coupable. Mais ce sentiment est absolument stérile s'il n'aboutit pas à une réparation ; autant ressentir carrément autre chose, les substituts ne manquent pas : haine de soi, peur, voire panique*… Mais traîner un sentiment de culpabilité sans qu'il vous motive à agir est un gaspillage d'énergie et de temps.

La première chose à faire est d'évaluer le bien-fondé de ce sentiment : ne s'agit-il pas d'une conscience exacerbée de soi-même ou d'un sens exagéré du devoir ? Si vous êtes du genre à toujours vous porter

---

* Cela dit, entre nous, mieux vaut encore ne plus y penser.

volontaire mais que, pour une fois, vous dites non, pas la peine de culpabiliser : au fond de vous-même, vous savez bien que vous avez déjà donné et que vous pouvez vous le permettre. Et si vous avez le choix, c'est simple : dites oui ou dites non, mais, dans un cas comme dans l'autre, *ne culpabilisez pas*. Prenez votre décision et assumez-la : il est exclu de dire non *et* de vous sentir coupable.

Si votre culpabilité est fondée, tâchez dans la mesure du possible de réparer le tort que vous avez causé. C'est le plus simple. Et si ce n'est pas réparable ? Alors que ça vous serve de leçon. Promettez-vous de ne jamais recommencer, effacez l'ardoise et tournez la page. Si le remords continue malgré tout de vous ronger, il vous faudra trouver un moyen de le dépasser.

> Si vous vous sentez coupable,
> c'est bon signe.

Loi n° 50

Vous n'avez rien de positif à dire ? Alors ne dites rien !

Il est facile de critiquer, de gémir, de se plaindre ; c'est bien plus dur de toujours trouver une parole agréable pour qualifier les situations et les gens. Eh bien, dorénavant, considérez cela comme un défi à relever. C'est dur parce que notre tendance naturelle est de geindre. Si on vous demande des nouvelles de votre week-end en caravane, vous mentionnerez tout de suite le mauvais temps qu'il a fait, le camping pourri et les voisins bruyants plutôt que d'évoquer la joie de passer du temps avec ceux que vous aimez au milieu de magnifiques paysages. Si un ami vous questionne sur vos relations avec votre patron, vous vous plaindrez de ses travers plutôt que de mentionner les bons côtés de son caractère.

Pourtant, même le pire salaud a toujours un peu de bon en lui ; à vous de le discerner, de le faire ressortir, d'en parler, de le mettre en valeur. De même pour une situation qui, en apparence, n'a que des inconvénients. Un jour de grève générale, dans le métro parisien – vous imaginez la bousculade et le chaos, bref, l'horreur –, une mère s'est penchée vers son petit enfant effrayé et lui a déclaré avec un merveilleux à-propos : « Eh bien ça, mon chéri, c'est ce qu'on appelle une aventure. » Cette phrase est devenue mon slogan favori dans les situations de crise.

Lorsqu'on vous demande votre avis sur une personne, un événement, un lieu, efforcez-vous de trouver du bien à en dire, quelque chose de positif, d'élogieux. Se montrer positif a de multiples avantages, c'est connu, mais le plus évident est que les autres se mettent à graviter autour de vous sans même savoir pourquoi : cela vous confère un rayonnement qui agit comme un aimant. On se plaît dans la compagnie des gens optimistes, constructifs, heureux, sûrs d'eux-mêmes. Alors mordez-vous la langue et ayez plus souvent des paroles agréables.

Si vous ne parlez des choses qu'en bien, cela vous empêchera de médire, de colporter des ragots, de dénigrer les autres (seule est autorisée la critique constructive), de raconter des salades, d'être impoli et de vous plaindre. Vous allez peut-être vous trouver à court de sujets de conversation !

Chaque fois que vous ouvrirez la bouche, efforcez-vous de le faire uniquement pour la bonne cause, ne serait-ce que pendant une semaine. Vous serez étonné de constater à quel point cela vous change la vie – en mieux. Surtout, ne vous fiez pas seulement à ce que je vous dis ; faites-en vous-même l'expérience. Et au pire, s'il ne vous vient absolument rien de positif à l'esprit… eh bien, taisez-vous !

« Ça, mon chéri,
c'est ce qu'on appelle une aventure. »

Les Lois du couple

Nous avons tous besoin d'aimer et d'être aimés. Et, pour la plupart, nous optons pour la sécurité d'une relation stable et l'étroite complicité qu'une telle relation nous procure. Nous ne sommes pas des îles, nous avons besoin d'un partage avec un être cher qui nous soit proche. C'est humain. Nous ne serions pas les êtres merveilleux que nous sommes sans ce besoin de donner et de recevoir.

Pourtant – et c'est un bémol de taille –, les relations humaines étant ce qu'elles sont, la vie de couple est une inépuisable source d'erreurs, de gaffes monumentales et d'échecs retentissants. Dans ce domaine, nous avons plus que jamais besoin de Lois. Nous avons besoin de tous les conseils qu'on peut nous donner. Allons, assez parlé de moi.

Sérieusement, nous avons tous besoin d'aide, et parfois c'est une bonne idée d'aborder le sujet sous un angle légèrement différent. Les Lois qui suivent, quelque peu inhabituelles, vous amèneront à réfléchir à votre relation dans une perspective nouvelle.

Rien de bien révolutionnaire là-dedans, mais ces Lois découlent de mon observation des couples épanouis entretenant une relation forte, solide, féconde, passionnante, stimulante, qui les soude l'un à l'autre et résiste à l'épreuve du temps.

Loi n° 51

Acceptez vos différences et cultivez vos points communs

Les petits garçons naissent dans les choux, dit-on, et les petites filles dans les roses… Et vous, où êtes-vous né(e) ? Dans un chou ou dans une rose ? Dans un hybride des deux, il y a des chances. Certes, il existe certaines divergences entre les hommes et les femmes, il serait stupide de le nier. Mais pas au point d'en faire des espèces distinctes ou des êtres venus de différentes planètes comme certains voudraient nous le faire accroire. En réalité, nous avons plus de points communs que de différences. Alors plutôt cultiver ce qui nous rapproche et accepter ce qui nous éloigne, on s'entendra beaucoup mieux que si on se traite en étrangers.

Un couple est quelque chose comme l'association de deux coéquipiers (par la suite ils se retrouvent parfois submergés par la prolifération d'équipiers juniors), un tandem où chacun apporte les ressources et talents qui lui sont personnels. Pour pouvoir fonctionner efficacement, comme n'importe quelle équipe, il faut que ses membres soient différents et complémentaires. Si tous deux sont des meneurs, des décideurs et des fortes têtes, qui veillera au fignolage du projet ? S'ils sont tous deux architectes, qui s'occupera du gros œuvre ? Alors acceptez les différences au bénéfice de l'ensemble. Tâchez de les considérer comme des talents qui, alliés, feront de votre tandem une équipe gagnante.

Et les points communs, alors ? Ma foi, c'est très bien de tout partager (d'avoir les mêmes goûts, les mêmes opinions), mais ça ne facilite pas toujours la vie (quand c'est le goût du pouvoir ou le besoin de tout régenter). Si vous avez tous les deux l'étoffe d'un leader, vous vous allez vous disputer le volant. Pourquoi ne pas faire un deal : à chacun son tour de conduire ? Félicitez-vous d'avoir des points communs, si vous en avez, et mettez-les à profit – en combinaison ou alternativement – pour vous donner à tous deux une réelle impulsion et faire de votre relation un tandem original et performant.

Dites-vous bien que vous êtes dans le même bateau – quel que soit le bateau en question – et que vous avez besoin d'associer vos efforts pour le faire avancer. Si vous ramez d'un même élan, vous irez plus loin que si chacun tire d'un bord et de l'autre. Sous notre couche de vernis, nous sommes tous d'humbles humains, aussi effrayés, aussi vulnérables les uns que les autres, tâchant de donner un semblant de sens à notre vie. Si nous sommes obnubilés par nos différences et qu'elles nous paraissent insurmontables, nous risquons de repousser l'autre équipier au lieu de le laisser ramer au même banc et nous rendre le voyage plus agréable. Les grosses blagues sexistes qui circulent sur le Net ne contribuent pas à faire avancer les choses dans le bon sens. En vrai, la vie n'est pas comme ça.

> Plutôt cultiver ce qui nous rapproche et accepter ce qui nous éloigne, on s'entendra beaucoup mieux que si on se traite en étrangers.

Loi n° 52

Autorisez l'autre à être soi-même*

C'est classique : souvent nous tombons amoureux de quelqu'un parce que c'est un individu indépendant, énergique, sûr de lui, responsable, qui maîtrise parfaitement sa vie et évolue dans le monde avec aisance. Et puis nous n'avons pas plus tôt mis le grappin sur cette personne que nous essayons de la changer. Son autonomie, si elle persiste, nous rend jaloux comme si sa relation avec nous devait forcément lui imposer des limites, lui lier les mains, lui couper les ailes.

Avant notre rencontre, cette personne se débrouillait très bien sans nous ; et voilà que nous nous mettons à lui prodiguer des conseils, à restreindre ses choix, à censurer ses perspectives et ses rêves, à entraver sa liberté. Il est temps de reculer de quelques pas et de lui laisser le loisir d'être elle-même.

Beaucoup de couples déplorent que leur relation a perdu de sa magie, qu'il n'y a plus entre eux aucune étincelle, qu'un fossé de plus en plus profond les sépare. En y regardant de plus près, on découvre souvent des partenaires prisonniers d'une symbiose oppressive faite de méfiance et de sournois empiètement mutuel, où aucun des deux ne laisse à l'autre le moindre espace, surtout pas celui d'être soi-même.

---

* Oui, je sais, j'ai écrit « autorisez » – mais c'est une blague…

Que faire, alors ? Commencez par prendre du recul, remémorez-vous votre partenaire tel qu'il ou elle était lors de votre rencontre. Qu'avait-il (ou elle) de spécial à vos yeux ? d'attirant ? de séduisant ?

Regardez maintenant votre partenaire aujourd'hui. Qu'est-ce qui a changé ? Qu'est-ce qui a disparu, pour être remplacé par quoi ? Est-ce encore de l'être indépendant de jadis, ou avez-vous grignoté son espace, sa confiance en soi, son énergie ? Ce n'est peut-être pas à ce point-là, mais inconsciemment nous avons souvent tendance à tenir l'autre en bride et à l'éteindre un peu.

Or il faut au contraire l'inciter à se risquer hors du cocon où l'emmaillote la relation, à redécouvrir sa vitalité et son énergie. Il lui faudra peut-être un peu de temps pour reprendre du poil de la bête. Il faudra peut-être que vous vous teniez à carreau pour ne pas tirer à nouveau sur les rênes. Forcez-vous à rester en retrait, à pousser votre partenaire en avant, à l'encourager, à devenir son supporter. C'est dur, mais nécessaire. Les couples les plus épanouis ont souvent une forte composante d'indépendance : chacun des deux a ses propres activités, qui enrichissent la relation quand ils sont ensemble. C'est sain, c'est fécond. C'est cela, vivre en adultes.

Remémorez-vous votre partenaire lors de votre rencontre. Qu'avait-il (ou elle) de spécial à vos yeux ? d'attirant ? de séduisant ?

Loi n° 53

Soyez agréable à vivre

Dans le tohu-bohu de la vie moderne et la joute complexe qu'est le quotidien d'un couple, on oublie trop facilement qu'on a à ses côtés un être humain de chair et d'os et non pas un pantin qu'on peut bousculer sans ménagement. On prend trop aisément son partenaire pour acquis ; on croit lui avoir dit « merci », « excuse-moi », « bravo », quand on a péché par omission et tout simplement ignoré, laissé de côté l'autre comme s'il ou elle comptait pour du beurre.

Pour donner un nouvel élan à la relation, il vous faut revenir à la case départ : être courtois dans l'ancien sens – galant – du terme. Redevenez l'un pour l'autre des individus pleins de tact et de respect d'autrui, pratiquant la politesse, la bienveillance, la délicatesse. Dorénavant, dites « s'il te plaît » et « merci » autant de fois qu'il le faudra dans la journée. Montrez-vous attentionné. Ne soyez pas avare de louanges. Faites des petits cadeaux au moindre prétexte. Demandez à l'autre son avis et écoutez-le avec intérêt.

Inquiétez-vous de sa santé, de son bien-être, de ses rêves, de ses espoirs, de sa charge de travail, de ce qui l'intéresse et de ce qui lui fait plaisir. Donnez-vous le mal de l'aider, de vous pencher sur ses désirs et ses besoins. Accordez-lui un peu de votre temps pour tout simplement l'écouter, lui manifester de l'intérêt, lui montrer que vous l'aimez toujours. Ne laissez pas les petites négligences miner votre relation.

Nous nous mettons en quatre pour de parfaits étrangers, et souvent ce sont nos collègues de travail qui bénéficient de nos plus grandes attentions. Notre conjoint ou partenaire passe à l'as alors que nous devrions lui réserver le meilleur de nous-mêmes. Après tout, la personne avec qui nous vivons est censée être celle qui compte le plus au monde pour nous. Il est important de le lui prouver.

Ceux qui le font déjà m'excuseront pour ce rappel.

J'ai lu l'histoire d'un type qui achetait sans arrêt à sa femme de nouveaux sacs à main, invariablement mal adaptés à l'usage qu'elle en faisait, jamais assez vastes ni assez solides. Elle a essayé de lui expliquer qu'elle était assez grande pour acheter ses sacs à main toute seule, mais il était convaincu d'avoir un bien meilleur sens du « style ». Elle a fini par lui acheter elle-même un sac, et ça l'a calmé. Je trouve cette solution merveilleusement zen : se moquer gentiment de lui au lieu de se mettre en colère et de lui crier après. Chapeau !

Revenez à la case départ :
redevenez courtois
dans l'ancien sens – galant – du terme.

Loi n° 54

Et toi, tu fais quoi ?

Ce n'est pas parce qu'on s'est mis ensemble il y a un bail qu'on est devenus siamois et qu'on doit penser, agir, ressentir, réagir pareil. J'ai remarqué que les couples les plus épanouis sont ceux où les deux partenaires sont à la fois soudés par des liens très forts, et très fortement autonomes, et où chacun promeut les intérêts de l'autre même s'ils ne sont pas les siens.

Pour soutenir votre partenaire et appuyer ses entreprises, vous devez disposer d'une assiette solide qui vous évite d'être jaloux, méfiant ou amer. Car il faut vous attendre à voir l'autre affirmer son autonomie et entretenir une vie sociale indépendamment de vous, ce qui n'est pas toujours facile. Cela vous donnera peut-être du fil à retordre, mais vous fera aussi mesurer la solidité de vos sentiments et votre tendance à vouloir protéger l'autre.

Plus vous lui accorderez – concéderez, tolérerez – de liberté, plus vous l'encouragez, plus il est probable que votre partenaire en fera autant pour vous. Si l'autre vous sait favorable et en confiance, il aura beaucoup moins envie de s'échapper que s'il se sentait en cage. Plus vous serez positif à son égard, plus il se sentira traité avec bienveillance, ce qui est une bonne chose.

Et si vous désapprouvez ce qu'il veut faire ? Dans ce cas, vous allez devoir vous livrer à un peu d'introspection, j'en ai peur. Parce que, voyez-vous, votre partenaire est un être humain totalement distinct de votre personne et qui a parfaitement le droit de faire ce qui lui chante – à condition, bien sûr, que cela ne soit de nature ni vous blesser ni à saboter la relation (comme vous tromper ou commettre un délit) –, et votre rôle est de le soutenir. Demandez-vous ce qui vous pose problème dans l'entreprise qui vous dérange. Cela a peut-être plus à voir avec vous qu'avec lui.

Interrogez-vous : si mon ou ma partenaire met son projet à exécution, que peut-il arriver de si terrible ? Est-ce que cela va salir la maison, ravager le jardin, occasionner une dépense inconsidérée, une absence indûment prolongée ? Comparé à l'éventualité d'une rupture ou d'une vie de couple empoisonnée par la frustration, qu'est-ce qui est pire ?

Bien sûr, ce n'est pas parce que votre partenaire a un projet qu'il ou elle va forcément passer à l'acte. Cependant, certains sont assez obstinés pour mettre leur plan à exécution justement parce que l'autre est contre. Dites oui, et il n'en sera peut-être plus jamais question.

Tournez quelques pages et allez jeter un coup d'œil à la Loi 64. Vous y lirez que vous devez traiter votre partenaire mieux encore que votre meilleur(e) ami(e) ; lui assurer votre soutien en est l'un des aspects. Nous oublions volontiers que notre conjoint(e) est un être distinct de nous, qu'il ou elle a aussi ses rêves, ses projets, ses ambitions. Or c'est notre devoir que de l'encourager à trouver sa voie, à se réaliser pleinement – et non de se moquer de ses rêves, de rabaisser ses idéaux, de saper ses plans, de rire de ses ambitions. Loin de lui mettre des bâtons dans les roues ou de lui imposer des contraintes, c'est à nous de l'aider à prendre son essor.

> Il faut vous attendre à voir l'autre affirmer une forte autonomie et entretenir une vie sociale indépendamment de vous.

Loi n° 55

Soyez le premier à présenter vos excuses

Peu importe qui a commencé, quelle était la pomme de discorde, qui a raison, qui a tort, qui a cherché l'autre. Vous vous conduisez tous les deux comme des sales gosses qui mériteraient d'être privés de dessert. Non, sérieusement, on se crêpe le chignon de temps en temps, c'est la nature humaine. Mais dorénavant, si vous voulez devenir un vrai adepte des Lois – et c'est le cas, je le vois à cette étincelle dans vos yeux –, vous serez le premier à présenter vos excuses. Un point, c'est tout. Pourquoi ? Parce que c'est la Loi. Nous autres adeptes des Lois, nous mettons notre point d'honneur à dire « désolé » les premiers parce que nous avons un sens si affirmé de nous-mêmes que nous ne trouvons cela aucunement dégradant. Nous ne nous sentons ni menacés, ni mis en situation d'infériorité. Nous pouvons dire « désolé » sans rien perdre de notre force. Nous pouvons nous excuser sans rien perdre de notre dignité ni de notre respect de nous-mêmes.

Si nous disons « désolé », c'est parce que, sincèrement, nous le sommes. Désolé de nous être laissé entraîner dans une dispute et, ce faisant, d'avoir par définition transgressé au moins cinq Lois.

Car, voyez-vous, si les choses se sont envenimées jusqu'à la querelle, quelle qu'en soit la raison – grave ou pas –, c'est qu'on avait déjà commis un certain nombre d'accrocs majeurs. C'est pourquoi on doit être le premier à présenter ses excuses, parce que de toute façon on a tort. Si on fait amende honorable, c'est avant tout pour s'être disputé. Peu importe le motif, on fait le premier pas parce qu'on est noble, magnanime, digne, adulte, sensé et bon. Je sais, je sais : comment, il faut avoir toutes ces vertus et s'excuser par-dessus le marché ? Eh oui. Allez-y, faites-le, et vous verrez comme on se sent bien après. Du haut des sommets de la moralité, le panorama est toujours fantastique.

Zut, et si vous êtes *tous les deux* en train de me lire ? Seigneur. Alors motus (Loi n° 1), mais dépêchez-vous, c'est à qui présentera ses excuses le premier. Je serais curieux de le savoir. Tenez-moi au courant.

Même si ça vous écorche un peu la bouche, présenter vos excuses a de nombreux avantages. Non seulement ça vous donne moralement le dessus, mais ça a aussi la vertu d'apaiser les tensions, de dissiper les rancœurs, d'assainir l'atmosphère. Et si vous êtes le premier à le faire, avec un peu de chance l'adversaire se sentira penaud et obligé d'en faire autant.

N'oubliez jamais : vous ne vous excusez pas d'avoir commis une erreur, un péché ou un crime ; vous vous excusez d'avoir été assez infantile pour vous quereller, de vous être mis en rogne, d'avoir oublié les Lois et agi comme un chicaneur, un mufle, une tête de mule, un sale gosse. Allez, ça va, vous pouvez sortir du cabinet noir.

> Nous pouvons nous excuser sans rien perdre de notre dignité ni de notre respect de nous-mêmes.

Loi n° 56

Allez même jusqu'à lui faire plaisir

Quoi? Vous devez être le premier à vous excuser, vous devez l'encourager, l'épauler, lui laisser toute sa liberté, lui donner votre appui, être agréable à vivre, et maintenant je vous dis même d'aller jusqu'à lui faire plaisir! Mais c'est par amour qu'on fait ça! C'est réservé à quelqu'un qu'on adore, qu'on révère, qu'on respecte, à qui on voue une intense affection, quelqu'un qu'on aime vraiment! Tout juste. C'est exactement de ça qu'il s'agit : de faire plaisir à la personne qui compte le plus pour vous au monde, celle que vous chérissez le plus, la personne la plus importante de votre vie. C'est de votre chéri(e) qu'on parle ici, de votre compagne ou compagnon, de votre trésor, de votre âme sœur, de votre ami(e) et amant(e). Alors où est le problème? Où est-ce que ça coince? Pourquoi est-ce que vous n'êtes pas déjà en train de le faire?

Bon, alors si on le veut bien, comment est-ce qu'on est censé s'y prendre? C'est simple : il faut prévoir. Son anniversaire mérite mieux qu'une vague carte, un quelconque cadeau, un bouquet de fleurs et un apéro au café du coin – et encore, les années fastes. Non, le fêter dignement, c'est se donner le mal de réfléchir à ce qu'il ou elle aimerait, apprécierait vraiment; pour son anniversaire mais aussi à d'autres occasions, congé, week-end prolongé, vacances, célébrations en tout genre. C'est ne reculer devant aucune petite ou grande folie, flatter ses péchés mignons. C'est s'efforcer de deviner ce qui lui ferait le plus plaisir et le lui offrir. Et je ne parle pas d'argent, je parle de surprises agréables, de petites attentions qui lui fassent sentir que vous avez pensé à elle ou à lui. Des tendres mises en scène qu'on dédie à l'être aimé pour lui faire savoir à quel point il compte dans votre vie.

C'est trouver le moyen de ravir l'autre au-delà de l'ordinaire, bien au-delà de ce qu'il ou elle attend de vous, plus que ne le ferait quiconque. Une formidable occasion de vous laisser aller à votre créativité, de vous révéler tout à la fois original(e), farfelu(e), débordant(e) d'affection et d'amour. Pas le temps ? Revoyez votre liste de priorités, alors. Qu'est-ce qui pourrait être plus important dans votre vie que de faire plaisir à votre amant(e), partenaire et ami(e) – oui, tout ça en une seule personne ?

Où est-ce que ça coince ?
Pourquoi est-ce que vous n'êtes pas
déjà en train de le faire ?

Loi n° 57

Ayez quelqu'un qui vous accueille toujours à bras ouverts

Revenons à cette dame et à ses lévriers. Quand elle rentre chez elle, ses chiens lui font toujours fête – mais voilà, les chiens sont comme ça. Vous pouvez les traiter… comme des chiens*, dès qu'ils vous voient, ils délirent de joie. Évidemment, vous aimeriez bien que votre partenaire en fasse autant. Qu'il ou elle délire de joie quand vous rentrez à la maison. D'ailleurs c'est le cas, non ? Et vous aussi, hein ? Non ? Pourquoi ? Si ? Ah, bravo !

Nous avons tous besoin de quelqu'un qui nous accueille toujours à bras ouverts. Rien que ça, et la vie vaut d'être vécue. Moi, quand je rentre d'un déplacement de quelques jours, j'adore trouver tous mes enfants en rang d'oignons derrière la porte comme font les gosses, les mains tendues, avec sur leurs petits visages cette adorable expression d'expectative, l'air de dire : « Alors, qu'est-ce tu nous as rapporté ? »

C'est comme les entendre répondre par un vague grognement quand on leur demande comment ça s'est passé aujourd'hui à l'école. Ça fait tellement plaisir ! N'empêche qu'on est incroyablement heureux de les retrouver, parce qu'on est pour eux quelqu'un ou quelque chose qui compte.

---

* Par exemple ne pas les sortir pour de très longues promenades parce que vous n'avez pas le temps, oublier de leur acheter des biscuits, ce genre de trucs. Pas les maltraiter vraiment, qui aurait l'idée de faire ça ?

Et puis le voyant rouge de la télé ne suffit décidément pas à adoucir la solitude, on a besoin de la compagnie d'un être vivant, animal ou personne. Un de mes fils est persuadé que son gecko lui fait la fête quand il rentre. Moi, j'ai beau scruter son regard (celui du gecko, pas celui de mon fils), je n'y ai pas encore détecté la moindre expression de joie.

Avoir quelqu'un ou quelque chose qui vous témoigne son bonheur de vous voir est important : si un être a besoin de vous, cela vous donne un objectif qui vous décolle les yeux du nombril, une raison de vivre. Mais supposons que vous viviez seul, sans enfants ni chien ni chat ? Eh bien, le bénévolat peut sûrement vous fournir des occasions d'être accueilli à bras ouverts par quelqu'un. Et sans doute pas loin de chez vous.

Une de mes amies qui habite seule, pourtant un quartier de Londres où les voisins ne se font guère la causette, a découvert qu'un vieux monsieur infirme vit à quelques pas de chez elle. Elle a remarqué que souvent, comme par hasard, il est devant sa porte justement à l'heure où elle passe en rentrant du travail. Manifestement, il souffre de solitude et apprécie de pouvoir échanger quelques mots (ou toute une conversation, si possible) avec quelqu'un. Quand elle arrive, il est toujours heureux de la voir. Et vous, qui vous accueille toujours à bras ouverts ?

> Nous avons tous besoin de quelqu'un
> qui nous accueille toujours à bras ouverts.
> Rien que ça, et la vie vaut d'être vécue.

Loi n° 58

Sachez quand il faut écouter et quand il faut agir

Je ne sais pas si c'est un truc que nous autres hommes avons plus de mal que les femmes à apprendre, mais moi, en tout cas, j'ai du mal. Dès que quelqu'un me confie un problème, ça me démange d'intervenir. Peu importe comment, du moment que je peux faire quelque chose, agir.

Alors que la plupart du temps tout ce qu'on attend de moi est que je prenne le temps d'écouter. Si cette personne me raconte ses malheurs, ce n'est pas pour que je me comporte en vrai macho, que je vole à son secours, que je prenne sa défense seul contre tous, bref, que je joue les héros. C'est seulement pour que je lui prête une oreille compatissante, voire une épaule secourable où verser des larmes, pour que je m'écrie « Oh ! c'est terrible, comme je vous plains ! » en la regardant dans les yeux, avec l'empathie d'un psy. Et c'est justement là où le bât blesse : dès qu'on m'a révélé ce qui cloche, je ferme les écoutilles et je me mets en mode « résolution de problèmes ».

En ce qui me concerne, lorsque quelque chose ne va pas, je me fiche pas mal de trouver une oreille compatissante ou d'entendre un chœur de soupirs et d'encouragements. L'empathie, rien à foutre. Ce que je veux, c'est une solution. Qu'on me propose un bon coup de main, une corde solide, un tournevis*.

* Ou en tout cas l'outil dont j'ai besoin pour réparer la panne.

Seulement voilà, mes problèmes à moi sont matériels et nécessitent des solutions concrètes, ce sont des problèmes de mec, quoi. Or ceux que j'ai le plus de mal à écouter ont trait au domaine humain et déterminent une approche totalement différente. Savoir quand il faut écouter et quand il faut agir est une compétence extrêmement utile à acquérir. Quand on me raconte ses malheurs, j'ai encore besoin de me tenir à carreau pour ne pas couper la parole à mon interlocuteur en disant : « Attendez-moi, je reviens, je sais exactement ce qu'il vous faut », et filer chercher ma trousse à outils.

Bien sûr, certains problèmes sont insolubles, d'ailleurs ce n'est pas pour les résoudre qu'on vous les confie. C'est pour vous y impliquer, pour solliciter de vous une réaction – sympathie, chagrin, révolte, compassion, gentillesse, conseil sensible, soutien émotionnel. Savoir quoi proposer à bon escient – la chaleur d'une tasse de thé ou votre kit de dépannage – est un talent indispensable ; un bon adepte des Lois ne s'y trompe jamais. (Sauf moi, hélas, je sais.)

> Savoir quoi proposer à bon escient – la chaleur d'une tasse de thé ou votre kit de dépannage – est un talent indispensable.

Loi n° 59

Passionnez-vous pour votre vie ensemble

Alors comme ça vous vous êtes rencontrés, vous êtes tombés amoureux l'un de l'autre et vous avez fait le projet de vivre toute votre vie ensemble. Et vous l'avez mis à exécution, j'espère. Mais jusqu'à quel point ? Je ne dis pas ça pour rire, je suis sérieux, pour une fois. Si vous vous contentez de partager le même toit et la même routine quotidienne sans que le courant passe vraiment, j'ai bien peur que ça soit un peu juste. Il faut que vous viviez ensemble avec passion. Avec quoi, vous dites ? Avec *passion*. Il faut que vivre ensemble vous soude dans le partage d'une aventure commune, que cela soit la réalisation d'un rêve qui vous transporte tous les deux. L'amour, ce n'est pas pour les mous, les tièdes, les endormis (ni même les somnolents), ceux qui n'ont plus la force de lever le petit doigt. Ça exige qu'on se mobilise, qu'on reste vigilant, sur la brèche, en prise. Vous devez mettre en commun vos rêves, vos buts, vos ambitions, vos projets. Vous devez aimer passionnément être ensemble.

Bon, je sais bien que dans toute relation il y a des hauts et des bas. Je sais qu'on a tendance à se laisser aller, voire à s'ennuyer un peu des fois. Mais vous avez tout de même voué votre vie à rendre quelqu'un heureux, d'une certaine manière, et cela requiert du tonus, de la concentration, de l'énergie, de l'enthousiasme et pas mal d'efforts. Comment ? Vous ne vous consacrez pas au bonheur de votre partenaire ? Qu'est-ce que vous faites alors ? C'est pourtant de ça qu'il s'agit dans une relation de couple. Sinon, tout ça rime à quoi, à votre avis ?

Il vous faut aimer profondément l'autre, en être encore amoureux, désirer ardemment voir votre partenaire atteindre la plénitude, le succès, l'accomplissement, la sérénité et le bonheur.

Idéalement, il faudrait que ça marche du premier coup (bien sûr, des tas de gens ont plusieurs partenaires au cours de leur vie, mais je suppose qu'à chaque fois le but était de rester ensemble jusqu'au bout et non de divorcer). Alors voilà l'occasion ou jamais de connaître une vraie relation de couple épanouie et solide, fondée sur une confiance mutuelle, le sens des responsabilités, un bonheur partagé, une énergie commune et la quête de l'excellence. Non ? C'est quoi, alors ? Il le faut, pourtant, pour que vous en tiriez le maximum. Votre partenaire n'est pas seulement là pour vous tenir compagnie de temps en temps quand vous en avez marre de la solitude. Il ou elle est avec vous par amour, et réciproquement ; vous êtes ensemble pour former un couple. Si ce n'est pas assez pour vous donner envie de le vivre à fond, passionnément, alors je ne sais pas ce qu'il vous faut.

> Vous avez tout de même voué votre vie
> à rendre quelqu'un heureux.

Loi n° 60

Quand vous faites l'amour, faites-le… avec amour

Ah, il va enfin être question de sexe ? Eh bien non, en fait. Il va être question d'amour. Quand on est amoureux et que ce sentiment est réciproque, il est tout naturel de faire l'amour, pour le meilleur et pour le pire et avec tous les problèmes que cela peut poser. Or, dans sa relation de couple, un véritable adepte des Lois se doit d'être aimable, courtois, déférent, dynamique, créatif, respectueux, attentionné, prévenant… et sexuel. Et sexuellement, il doit être tout aussi aimable, respectueux, etc. etc. Il doit prendre en compte les désirs et besoins de l'autre sans pour autant l'obliger à des actes qui lui déplaisent ou l'embarrassent. Car l'autre a droit à son intimité, droit au respect, droit à l'estime la plus haute.

Et réciproquement. Le maître mot, ici, doit être : égards. Nous devons avoir des égards pour les besoins, désirs, volontés, capacités de notre partenaire. Lui témoigner de la courtoisie.

Et pourtant, oui, dans tout ça il y a tout de même place pour la passion, l'émotion, le rut. On peut témoigner des égards sans être tiède, se montrer gentil sans être inhibé, et qui dit respectueux ne dit pas forcément soumis. Prendre en compte la sécurité de son partenaire, sa santé, son besoin d'intimité ne signifie pas être ennuyeux comme la pluie, morne et sans le moindre piquant. Les amants les plus passionnés peuvent se livrer aux ébats les plus torrides sans cesser d'être courtois l'un envers l'autre.

Se livrer à l'acte sexuel avec une personne aimée – lui faire l'amour, en d'autres termes – est lui faire honneur, d'une certaine manière. (Pour moi, le seul fait que quelqu'un veuille bien se déshabiller en même temps que moi est un honneur...) L'acte d'amour constitue la plus extrême intimité qu'il nous soit donné d'avoir avec un autre être humain. Alors si nous n'abordons pas ce domaine avec le plus grand respect... Or le respect vient avec le savoir : non seulement la connaissance des goûts de l'autre mais le savoir-faire amoureux. Si on manque d'expérience ou de talent dans ce domaine, il serait bon de se pencher un minimum sur la question. Il n'y a pas de honte à apprendre. On ne naît pas pilote de course – ni bon amant.

> L'autre a droit à son intimité, droit au respect, droit à l'estime la plus haute.

Loi n° 61

Communiquez

Surtout, ne coupez pas le contact, parlez-vous ! En cas de problème, la communication est une planche de salut. Dans les périodes de crise, c'est en se parlant qu'on a une chance de résoudre les conflits. Et si c'est l'enthousiasme qui nous fait battre le cœur, c'est en l'exprimant qu'on le fera partager à l'autre.

Si on ne se parle pas, c'est que quelque chose va de travers. Si on ne se parle pas, on fait quoi ? Se parler aide à comprendre, à écouter, à partager, à transmettre.

Pour beaucoup de gens, silence égale problème. Cela ne veut pas dire qu'il faut absolument remplir tous les blancs ; cependant il est bon de respecter quelques règles de base.

- Accusez clairement réception quand votre partenaire vous a adressé la parole (non, il ne suffit pas d'un grognement ou d'un vague signe de tête).
- Émettez à intervalles réguliers des signaux montrant que vous êtes présent, que vous ne dormez pas, que vous êtes attentif, que ça vous intéresse (un hochement de tête, un « oui », un « non », un « mmm », un « oh ! » d'encouragement…).
- Rappelez-vous que parler fait partie de vos devoirs de partenaire ou d'amant(e) ; vous êtes donc tenu de cultiver l'art de la conversation.

- Si le courant passe quand on se parle, il passe quand on fait l'amour ; si on ne se parle pas, on ne sait pas non plus flirter, prendre par la main, séduire. Se parler fait partie de ce qu'on appelle les préliminaires.
- Se parler aide à résoudre les problèmes, garder le silence les amplifie.
- Se parler unit – c'est ce que vous faisiez jadis, quand vous étiez amoureux, vous vous souvenez ?

Il est clair qu'il y a aussi un temps pour se taire (*cf.* la Loi n° 58), mais parler est sain et fécond, c'est une marque de sociabilité, de bienveillance, d'amitié et d'amour. Tandis que garder le silence engendre l'ennui et peut se révéler désobligeant, inquiétant, destructeur. Bien sûr, il y a une différence entre parler de sujets intéressants et parler pour ne rien dire. Ne débitez pas des futilités à tort et à travers, histoire de remplir un vide. Mieux vaut parler de ce qui en vaut la peine, mais il n'y a pas de mal à bavarder, sauf si on radote. Allez, et ne racontez pas n'importe quoi.

> Si on ne se parle pas, c'est que quelque chose va de travers. Si on ne se parle pas, on fait quoi ?

Loi n° 62

Respectez son intimité

«J'ai envie d'être seul(e)… » Tout un chacun possède le droit absolu au respect, à la confiance et à l'honnêteté de l'autre. Mais le plus sacro-saint, inviolable, intouchable est le droit à l'intimité.

Vous êtes tenu de respecter la vie privée de votre partenaire, et réciproquement. Faute de quoi, tout le reste – confiance, respect, honnêteté – est remis en cause. Or, sans ces droits fondamentaux, ce que vous avez là n'est pas une relation de couple, et très franchement je ne sais pas trop ce que c'est, sinon que c'est mortifère. Supposons plutôt que vous vivez une relation saine : cela implique que vous respectiez la vie privée de votre partenaire, sous tous ses aspects.

Si l'autre préfère ne pas aborder un sujet avec vous, c'est son droit, et il ne vous appartient pas de l'y forcer par :

- des cajoleries;
- des menaces;
- un chantage affectif;
- des promesses;
- des restrictions.

Ni de mener votre petite enquête en douce pour tout savoir quand même. Pas plus que de déployer vos charmes et votre persuasion dans le même but.

Respecter la vie privée de l'autre, ce n'est pas seulement s'abstenir d'ouvrir son courrier, d'écouter ses messages téléphoniques ou d'aller consulter ses mails derrière son dos. C'est aussi laisser la porte de la salle de bains fermée pendant ses ablutions – nous avons tous besoin d'un certain degré de grâce et de dignité dans notre vie, et disposer de salles de bains séparées est un minimum. N'avoir qu'une salle de bains pour deux n'est pas souhaitable, et encore moins l'utiliser en même temps – beurk, quelle horreur. C'est désobligeant et inutile, abstenez-vous. Winston Churchill disait que si son mariage avait tenu cinquante et quelques années c'était grâce aux salles de bains séparées. Alors gardez vos ablutions pour vous, et veillez à ne pas empiéter sur l'intimité de l'autre. Vous pouvez étendre l'application de cette Loi aux habitants de l'univers entier, et pas seulement à votre compagnon ou compagne.

Si vous ressentez le besoin de violer l'intimité de quelqu'un, livrez-vous à un sévère examen de conscience afin de comprendre pourquoi. La vérité ne sera peut-être pas jolie, mais il est indispensable d'y faire face.

Si vous ressentez le besoin de violer l'intimité de quelqu'un, faites un sèvère examen de conscience afin de comprendre pourquoi.

Loi n° 63

Assurez-vous que vous avez des objectifs communs

Dans les premiers temps d'une rencontre, on croit tout savoir de l'être aimé. Nous avons tellement de choses en commun ! Cela paraît aller intuitivement de soi, si simplement, si naturellement ! Nos désirs ne font qu'un, c'est incontestable, nous sommes la face et le revers de la même pièce. La grand-route de nos amours s'ouvre telle une évidence devant nous.

Eh bien non, vous avez tout faux. Les deux voies de cette grand-route ne seront pas parallèles tout du long, et vous ferez mieux d'ouvrir l'œil si vous ne voulez pas risquer de vous perdre de vue totalement et à jamais. Il faudra vous assurer constamment que vous lisez bien tous les deux la même partition, pour ainsi dire, que vous êtes en route vers la même destination, voire dans la même direction.

Alors, quels objectifs partagez-vous ? Quelle est, à votre avis, votre destination commune ? Et pas d'à-peu-près, SVP. Les vagues suppositions ne suffisent pas ici. Il vous faut tabler sur des *certitudes*. L'opinion de votre partenaire et la vôtre pourraient bien être à des lieues l'une de l'autre – à moins qu'elles ne soient très proches, c'est selon. Mais vous ne le saurez que si vous posez la question, discrètement, bien sûr. Il ne faut pas effaroucher l'attelage.

Et ne confondez pas avoir un objectif commun avec partager le même rêve. Des rêves, nous en avons tous : d'acheter une petite maison au bord de la mer, de faire le tour du monde, de conduire une Ferrari, de posséder une résidence secondaire à Malibu, une cave pleine de grands millésimes ou une piscine olympique dans notre jardin. Mais un objectif, ce n'est pas ça. C'est celui de fonder une famille (ou non) ; de voyager tous azimuts ; de prendre une retraite anticipée pour aller couler ses vieux jours en Espagne ; de faire de ses enfants des adultes épanouis et bien dans leur peau ; de rester ensemble (!) ; de déménager à la campagne – ou à la ville ; de réduire son train de vie pour travailler chez soi ; de se mettre à son compte et de gérer l'entreprise à deux ; d'adopter un chien. Un rêve, c'est ce qu'on se dit qu'on fera un jour ; un objectif, c'est ce qu'on réalise ensemble au quotidien. Les rêves concernent des acquisitions dont l'un ou l'autre aurait envie ; les objectifs sont des buts communs pour lesquels il faut être deux, faute de quoi ils n'auraient plus aucun sens.

Ce que prescrit cette Loi, c'est de faire le point. De passer en revue avec votre partenaire vos intentions communes et vos projets communs. Pas forcément avec des gros sabots. Un léger survol suffit, sans trop de détails, juste pour récapituler et être sûr que vous êtes bien tous les deux sur la même longueur d'ondes. Quelques questions simples confirmant la direction d'ensemble, sans forcément planifier votre avenir de A jusqu'à Z.

> Il faudra vous assurer constamment
> que vous lisez bien tous les deux
> la même partition.

Loi n° 64

Traitez votre partenaire mieux que votre meilleur(e) ami(e)

J'ai mentionné cette Loi l'autre jour à une amie et elle m'a contredit avec véhémence. D'après elle, ce sont les amis qui méritent d'être les mieux traités, parce qu'on les connaît davantage et qu'on leur doit une loyauté plus absolue. Alors j'en ai discuté avec une autre amie, et elle a contredit cet avis. Selon elle, on réserve le meilleur traitement à son partenaire justement parce qu'on le connaît moins. Bizarre. Moi, je dis que si vous devez traiter votre partenaire mieux que vos amis, c'est parce qu'il est à la fois votre amant(e) et votre ami(e). Et même, idéalement, votre meilleur(e) ami(e).

Si ce n'est pas le cas, qui l'est, d'après vous ? Et pourquoi ? Vous pensez cela parce que votre partenaire est du sexe opposé et que pour vous un(e) meilleur(e) ami(e) doit être du même sexe que vous ? Ou inversement ? C'est parce que pour vous amant et ami sont deux choses différentes ? Si vous répondez oui à cette question, comment voyez-vous votre partenaire ? Quel est pour vous son rôle ou sa fonction en tant que tel(le) ?

Là aussi, ce dont il est question est d'agir en pleine conscience. Traiter votre partenaire mieux que votre meilleur(e) ami(e) signifie que vous vous êtes donné le mal d'y réfléchir et que vous avez résolu de le faire (ou pas, éventuellement) en connaissance de cause.

J'aurais cru que traiter votre partenaire mieux que votre meilleur(e) ami(e) serait allé de soi : ne pas intervenir dans ses affaires, respecter sa vie privée, lui accorder le statut d'adulte indépendant. Pourtant, regardez autour de vous ; le monde est plein de conjoints se qui traitent mutuellement comme des gosses, s'envoient des piques, se grondent, se chamaillent, se critiquent, se cherchent des poux dans la tête. Ils n'oseraient pas faire ça à leurs amis, alors pourquoi le font-ils avec la personne qui est censée compter le plus dans leur vie ?

Prenons un exemple. Vous êtes le passager d'une voiture ; c'est un(e) ami(e) qui est au volant. Il ou elle commet une erreur de conduite (toutefois sans conséquences graves). Ça vous fera probablement bien rire et vous vous en moquerez gentiment. Maintenant imaginez le même scénario, mais avec votre partenaire au volant. Est-ce que vous allez :

- Le (la) mettre plus bas que terre ?
- Faire en sorte qu'il (ou elle) ne soit pas près de l'oublier ?
- Raconter l'épisode à qui veut l'entendre ?
- Prendre le volant vous-même sous prétexte qu'on ne peut pas lui faire confiance ?
- Faire comme s'il s'agissait d'un copain et prendre l'affaire à la rigolade ?

J'espère que vous cocherez la dernière réponse. Mais observez ce que font les autres couples autour de vous dans ce genre de situation...

> Comment voyez-vous votre partenaire ?
> Quel est pour vous son rôle ou sa fonction
> en tant que tel(le) ?

Loi n° 65

Être content de ce qu'on a, c'est déjà beaucoup

Si vous demandez aux gens ce qu'ils veulent dans la vie, beaucoup vous répondront : « Oh ! seulement être heureux ! » *Idem* si vous les interrogez au sujet de leurs enfants : « Oh, peu importe ce qu'ils feront du moment qu'ils sont heureux ! » Que ce soit pour vous ou pour vos gosses, autant souhaiter devenir astronaute ou chirurgien du cerveau. Au moins on a une chance d'y arriver. Après tout, ça s'apprend. Il n'y a qu'à faire des études.

Tandis que le bonheur est un tel mirage qu'on perd son temps à courir après. Le bonheur est à un bout du spectre, le malheur à l'autre : tous les deux sont des états extrêmes. Si vous jetez un coup d'œil rétrospectif sur les périodes de votre vie où vous avez été heureux – ou cru l'être –, je parie que d'autres sentiments extrêmes étaient en jeu. Prenons par exemple la naissance d'un enfant : vous avez ressenti de l'excitation, certainement ; de l'émerveillement, sans doute ; du soulagement que l'accouchement se soit déroulé sans problème, indéniablement. Mais du bonheur ? J'en doute.

Les gens se croient heureux quand ils sont en vacances ; ils veulent dire détendus, ou au contraire stimulés, ou libres de leurs contraintes habituelles – et c'est vrai, d'ailleurs. Mais la quête du bonheur est comme de vouloir toujours plus grand, toujours plus beau : vous n'y arrivez jamais parce le but recule au fur et mesure que vous avancez vers lui, c'est une quête qui n'a pas de fin. Alors au lieu de viser le bonheur, pourquoi ne pas viser le contentement ? Ça, au moins, c'est dans les limites du possible. C'est un objectif tout à fait valable.

Surtout dans le domaine des relations de couple : la quête de l'âme sœur et ce qui s'ensuit une fois qu'on l'a trouvée. Nous voudrions pour la plupart tomber amoureux fous. Ah ! cette alchimie magique – le coup de foudre, le cœur qui bat la chamade, le septième ciel, etc. Super. Fabuleux. Seulement ça ne durera pas. Tôt ou tard, il faudra bien revenir à la réalité. Reprendre le fil de sa vie ordinaire. Personne n'est de taille à vivre longtemps à de telles altitudes. Le contentement, c'est le mieux que vous puissiez espérer une fois l'exaltation retombée, quand vous vous installez dans un quotidien plus modeste, détendu et serein. De fait, le contentement est un objectif plus sûr, parce que c'est un état durable.

Alors, si votre partenaire ne met pas le feu aux poudres et ne vous donne pas de palpitations mais si la vie à ses côtés est douce, chaleureuse et tendre, eh bien, contentez-vous-en…

Le contentement, c'est le mieux que vous puissiez espérer une fois l'exaltation retombée.

Loi n° 66

Pas besoin d'obéir aux mêmes règles

Pas mal de couples s'imaginent que ce qui vaut pour l'un vaut pour l'autre et que les deux partenaires sont tenus d'obéir aux mêmes règles. Faux. Des règles différentes peuvent jouer dans de larges domaines. Les couples les plus solides et les plus épanouis sont ceux où les deux partenaires ont besoin de flexibilité dans leurs règles de fonctionnement et adaptent leur relation en conséquence.

Vous voulez un exemple, je suppose ? J'en étais sûr. Eh bien, supposez que l'un de vous deux soit hypermaniaque et l'autre totalement bordélique. Logiquement, vous devriez être sans arrêt en train de vous reprocher mutuellement d'être l'un bordélique et l'autre maniaque. Cela devrait donner lieu à des scènes et à des chamailleries sans fin sous prétexte que la même règle doit s'appliquer à tous les deux – que vous devez être tous les deux désordonnés ou tous les deux soigneux. Mais il y a peut-être une autre solution ? Je peux être désordonné et toi soigneux ; je peux être désordonné dans certains domaines et toi soigneux dans d'autres. Désormais, plus de problème, fini les scènes. Pourquoi serais-je obligé d'être soigneux si ce n'est pas dans ma nature, et réciproquement ?

D'autres exemples ? Ma femme déteste qu'on la taquine et qu'on la chatouille ; moi ? ça m'est égal. Pour elle, le règlement interdit de la taquiner et de la chatouiller ; dans mon cas, c'est permis*. Vous êtes

* Seulement à ma femme, évidemment, pas à vous.

du genre à avoir besoin de savoir en permanence où se trouve votre partenaire, qui, lui (ou elle), se fiche éperdument d'être informé de vos déplacements : votre partenaire peut accepter de se mettre une balise Argos puisque ça vous rassure, et vous être dispensé(e) d'en faire autant.

Enfin, si votre compagnon ou compagne a besoin que vous lui juriez votre amour à longueur de journée, mais que vous-même préférez ne l'entendre que lorsque l'autre le ressent vraiment, vous pouvez instituer comme règle de lui faire de fréquentes déclarations d'amour sans pour autant qu'il ou elle vous rende la pareille. Chacun son truc.

> Les couples les plus heureux sont ceux où les deux partenaires ont besoin de flexibilité dans leurs règles de fonctionnement.

Les Lois de la famille et de l'amitié

Imaginez que vous êtes la planète centrale de votre propre système solaire. Dans votre orbite immédiate gravite votre partenaire ou votre conjoint(e) ; c'est là votre cercle relationnel le plus intime. L'orbite suivante est celle de votre famille et de vos amis – les gens qui vous sont les plus chers, ceux que vous aimez par-dessus tout fréquenter, ceux qui vous prodiguent la plus grande affection. Avec eux, vous pouvez vous détendre, vous mettre à l'aise, être vous-même ; mais il n'y en a pas moins des Lois. Il existe malgré tout un comportement qui est juste à leur égard et un comportement qui l'est moins. Vous leur devez tout de même honneur, dignité, respect. Envers vos enfants et vos parents, vous avez des responsabilités. Envers vos frères et sœurs, vous avez des devoirs. Et envers vos amis, vous avez des obligations qu'il ne faut pas prendre à la légère.

Vous disposez ainsi de toute une rangée de casquettes à porter tour à tour selon les circonstances – parent, ami(e), enfant, frère ou sœur, oncle ou tante, parrain ou marraine, neveu ou nièce, cousin ou cousine –, assortie de toute une série de règles et de devoirs. Ce qui va suivre constitue un guide vous indiquant comment assumer au mieux ces différents rôles.

Au cours de notre vie, nous avons à interagir avec d'autres gens. Nous nous frottons sans cesse à eux, émotionnellement parlant ; nous avons donc besoin de règles de comportement qui nous aident à bien nous conduire envers eux, à gérer correctement les situations délicates, les expériences nouvelles et nos rapports d'intimité avec eux.

Pour avoir des relations familiales et amicales harmonieuses, pour nous faire aimer, il est nécessaire d'aborder ce domaine de façon réfléchie, en toute conscience, plutôt que de naviguer à vue en somnolant à la barre, comme le font la plupart des gens. À condition d'être pleinement conscient de nos actes, il est à notre portée d'améliorer ces relations, de lisser les problèmes, d'encourager les autres et plus généralement de répandre autour de nous un peu de chaleur et de joie. Que vouloir de mieux ?

Loi n° 67

Tant qu'à cultiver l'amitié, cultivez-la bien

Être un véritable ami, c'est une responsabilité terrible. Il faut être loyal, honnête (mais pas trop), sincère, fiable, amical (ça va sans dire), aimable, ouvert, sociable (sinon, à quoi bon avoir des amis ?), affectueux, accueillant et affable. Et aussi indulgent de temps en temps, prêt à rendre service, à épauler, à prodiguer de la sympathie ; sans vous laisser pour autant exploiter ni berner. Vous devrez parfois vous exprimer avec une totale candeur, aux risques et périls de votre amitié, et à d'autres moments tenir votre langue et garder votre opinion pour vous. Ce sont vos amis, pas vos clones, ils ne se conduisent pas forcément comme vous. Vous leur devez d'agir en conseiller, en confesseur, en directeur de conscience, en auxiliaire, en compagnon, en ami, en confident et en camarade. Votre amitié exige que vous soyez enthousiaste, dévoué, résolu, créatif, attentif, passionné et plein d'allant.

Ça, ce sont vos devoirs. Et les leurs ? Eh bien, idéalement, ce sont les mêmes. Mais s'ils n'assurent pas tout à fait, vous resterez quand même leur ami(e), vous ferez preuve d'indulgence, vous ne les laisserez pas tomber.

Même si vous pouvez vous dispenser de certains aspects de cette Loi, gardez-en l'essentiel : votre rôle, c'est de rester à leurs côtés, et pas seulement quand c'est une partie de plaisir. Vous répondrez à leur appel lorsqu'ils auront besoin de vous, à l'aube comme au crépuscule, les jours sombres et par gros temps. Vous serez là pour leur tenir la main, les laisser verser des larmes dans le creux de votre épaule, leur prêter un mouchoir, leur taper dans le dos pour les réconforter et leur faire toutes les tasses de thé dont ils auront besoin. Et vous leur prodiguerez tous les « remets-toi », « t'en fais pas », « allez, fais pas l'andouille » qui seront nécessaires, bref, vous ferez tout ce qu'il faudra pour les remettre sur pied.

Vous serez là pour leur donner de bons conseils. Parfois vous serez là juste pour les écouter. Vous serez là quand ils voudront que vous le soyez. Vous serez là quand tous leurs autres amis auront pris la tangente. Vous serez là quoi qu'il arrive.

Quelqu'un a dit un jour qu'un véritable ami, c'est celui avec qui vous pouvez reprendre à sa descente d'avion la conversation que vous aviez avec lui dix ans plus tôt en l'accompagnant à l'aéroport, comme si c'était hier. Eh bien oui, c'est exactement ça l'amitié.

> L'essentiel, c'est de rester à leurs côtés, et pas seulement quand c'est une partie de plaisir.

Loi n° 68

Soyez toujours disponible pour ceux que vous aimez

Quand la vie nous presse, nous avons tendance à négliger nos êtres les plus chers. C'est mon cas. J'ai des frères qui comptent beaucoup pour moi et qui me sont très proches ; eh bien j'oublie de leur téléphoner, de garder le contact. Non pas parce que je m'en fiche, mais parce que je suis trop occupé. C'est impardonnable. De temps à autre je me plains de ne pas avoir de leurs nouvelles ; mais évidemment, c'est ma faute autant que la leur. Nous devons nous rendre disponibles, parce que sinon le temps file si vite que les semaines deviennent des mois, puis des années à notre insu.

Avec nos enfants, c'est pareil. Tous les parents ont le rêve secret d'en revenir à l'âge d'or victorien où l'on se contentait de consacrer une petite heure à ses gosses avant qu'ils aillent au lit, une fois que la nounou les avait donné leur bain, passé leur pyjama et servi le souper. Vous, je ne sais pas, mais moi, si. Pourtant plus nous consacrons de temps à nos proches – enfants, frères et sœurs, parents, amis –, plus nous en tirons de bénéfice. C'est à nous d'y mettre du nôtre, à nous de téléphoner, de rester en contact. Et s'ils ne le font jamais, eux ? Eh bien c'est pareil. L'adepte des Lois, maintenant, c'est vous.

Alors voilà : vous savez de plus en plus brillamment mener votre vie, gérer votre culpabilité (d'ailleurs vous n'en avez pas, puisque vous avez téléphoné, écrit, entretenu le contact), leur pardonner (de n'avoir ni téléphoné ni gardé le contact), entretenir vos liens affectifs. Vous êtes magnanime, vous êtes le premier à tendre une main amie, à pardonner et à oublier les brouilles (et je ne veux même pas savoir si c'était grave, les adeptes des Lois ne gardent jamais rancune, jamais !).

Surmené ou pas – les Lois, espérons-le, devraient vous aider à évacuer le stress et à savoir vous ménager des pauses –, vous devez vous rendre disponible. Trouver du temps, et du temps de qualité (désolé, moi aussi je déteste cette expression), à consacrer à ceux pour qui vous comptez. Vous payez ainsi l'amour qu'ils vous prodiguent – c'est un juste retour des choses. Ils vous aiment et vous leur offrez quelque chose de vous-même en échange, quelque chose de précieux : votre temps, votre attention. Et vous le faites de bonne grâce, pas comme une corvée. Vous vous y donnez tout entier, avec un enthousiasme sincère, ou alors vous ne le faites pas du tout. Cela n'a aucun sens de rester à la maison avec vos gosses, par exemple, et d'en profiter pour rattraper du travail en retard, lire le journal ou préparer votre sandwich pour le lendemain. Si vous n'êtes pas pleinement présent, ils sentiront très bien que votre attention est ailleurs et ils se sentiront floués.

Alors si vous êtes en plein boulot quand le téléphone sonne et que c'est votre maman, votre mamie ou votre vieux pote, évitez de répondre par monosyllabes tout en finissant de taper une lettre ou en surfant sur le Net, les yeux rivés à l'écran de votre ordi. Ou vous arrêtez tout, ou vous leur demandez si vous pouvez les rappeler plus tard – et vous n'oubliez surtout pas de le faire. Un jour, ils ne seront peut-être plus là et vous regretterez amèrement de ne pas les avoir écoutés, mais il sera trop tard. C'est aujourd'hui qu'il faut accorder un peu de votre temps à ceux que vous aimez.

Plus nous consacrons de temps à nos proches, plus nous en tirons de bénéfice.

Loi n° 69

Laissez vos enfants faire leurs bêtises tout seuls

J'ai des enfants, et je veux évidemment les voir heureux, bien dans leur peau, réussissant leur vie. Mais est-ce que je nourris en secret des projets d'avenir pour eux ? Est-ce que je voudrais qu'ils deviennent docteur, avocat, diplomate, physicien, archéologue, paléontologue, écrivain, industriel, astronaute, pape ? (Ma foi, il faut bien qu'il y ait un pape, et il y a sûrement des gens qui rêvent de voir leur fils au Vatican.)

Non. La main sur le cœur, je peux affirmer en toute sincérité que je n'ai jamais eu pour eux ce genre d'ambition. J'espère qu'ils ne sont pas en train de me lire : je dois avouer qu'à l'occasion j'ai pu être déçu par un choix de carrière qui m'a paru un peu incongru – pas leur genre, quoi. Cela dit, il faut les laisser faire leurs erreurs. Si on leur montre la voie tout le temps, ils n'apprendront jamais à se débrouiller tout seuls.

Et c'est de cela qu'il s'agit ici : laissez donc à vos gosses tout le loisir de gâcher ce qu'ils veulent. Nous l'avons tous fait. Moi, j'ai eu le champ libre et j'ai commis de monumentales, de splendides, de spectaculaires conneries. Résultat : j'ai appris très vite à faire la différence entre ce qui marchait et ce qui ne marchait pas. Un de mes cousins n'a pas eu cette liberté-là ; il a été bien plus protégé et a fait beaucoup moins de bêtises que moi. Mais comme adulte – et il serait le premier à être d'accord avec ce que je vais dire – il a si magistralement raté sa vie que comme connerie il n'aurait pas pu faire mieux. Nous avons tous besoin de faire des erreurs. Alors mieux vaut les faire quand on est jeune et pouvoir se rattraper après.

Être parent, c'est à soixante-quinze pour cent de l'improvisation. Vous aussi, vous êtes libre de faire des erreurs. Le problème, c'est qu'en tant que parent vos bêtises peuvent réellement avoir un impact négatif sur la vie d'autrui. C'est pourquoi on a du mal à se retenir quand on voit ses enfants se tromper dans leurs choix. On voudrait courir les prendre sous son aile, les nourrir encore un peu dans son sein, leur éviter de se faire mal. Mais c'est comme ça qu'ils doivent apprendre, en se trompant. Si on croit qu'il suffit de leur faire la leçon, on a tout faux. C'est en affrontant la vie qu'ils comprendront de quoi il retourne. Le réel, vos enfants ne l'apprendront ni dans les livres, ni en vous écoutant ni en regardant la télé. C'est en se brûlant les doigts qu'ils feront connaissance avec la flamme. Votre rôle de parent, c'est de préparer les compresses et la pommade, et de souffler dessus pour que ça fasse moins mal.

Vous avez évidemment le droit de leur poser des questions qui les guident : tu es sûr que c'est une bonne idée ? tu as bien réfléchi ? qu'est-ce qui se passera une fois que tu as fait ça ? est-ce que tu as vraiment tout ce temps-là à perdre ? est-ce que ça ne va pas être un peu dur ? tu as déjà essayé ? – vous faites de même avec vos amis quand vous les voyez sur le point de faire une bêtise et que vous n'avez pas envie de jouer les rabat-joie. Essayez de ne pas donner l'impression de les juger. Et ne geignez surtout pas, ou ils passeront outre et n'en feront qu'à leur tête, juste pour avoir raison.

> Si on leur montre la voie tout le temps,
> ils n'apprendront jamais
> à se débrouiller tout seuls.

Loi n° 70

Ayez pour vos parents un peu de respect et d'indulgence

Vous vous sentirez peut-être concerné par cette Loi, ou peut-être pas. Pour ma part, puisque je suis maintenant orphelin, en principe elle ne devrait plus me concerner. Eh bien si. Et pas qu'un peu. J'ai grandi avec deux handicaps majeurs : un père absent et une mère difficile. J'ai des frères et sœurs qui ont évidemment connu les mêmes conditions que moi, mais nous y avons réagi différemment les uns et les autres. Mes relations avec ma mère se sont un peu améliorées lorsque, ayant moi-même des enfants, j'ai pu constater que les élever est loin d'être facile. Je me suis également aperçu que certaines personnes, intuitivement, y arrivent très bien, tandis que d'autres – pour appeler les choses par leur nom – en sont totalement incapables. Ma mère faisait partie de la seconde catégorie. Est-ce que c'était sa faute ? Non. Est-ce que je dois lui en vouloir ? Non. Est-ce que je peux lui pardonner ? Il n'y a rien à pardonner. Elle s'était retrouvée dans une situation à laquelle elle était mal préparée et sans aucune compétence, où personne ne l'a aidée, et qu'elle a trouvée extrêmement contraignante et pénible. Résultat, notre enfance a été un désastre et nous aurions tous besoin d'aller chez le psy. À moins que nous n'ayons plutôt besoin de lui témoigner indulgence et respect. Pourquoi mériterait-elle d'être mise au pilori pour s'être mal tirée d'une tâche difficile ? Et nous alors ? Il y a bien des domaines dans lesquels nous ne sommes ni très efficaces ni très doués, ni même très motivés.

Vos parents font tout leur possible. Ce n'est peut-être pas assez bon pour vous, mais c'est ce qu'ils arrivent à faire de mieux. S'ils ne s'en tirent pas très bien, on ne peut pas leur en vouloir. Tout le monde ne peut pas être des parents formidables.

Et le père absent ? Eh bien ce n'est pas un drame non plus. Nous faisons tous des choix que certains peuvent décréter mauvais ou impardonnables, ou tout simplement égoïstes et mal avisés. Mais nous ne sommes pas à la place des autres. Nous ne connaissons ni leurs faiblesses ni leurs motivations, ni même ce qui se passe dans leur tête. Nous ne pouvons guère porter de jugement sur eux à moins d'être confrontés à la même alternative. Et si nous choisissons alors de prendre un autre chemin qu'eux, ça nous regarde, mais ça ne nous donne pas le droit de les juger ni de les blâmer pour autant.

Alors, juste parce que vos parents vont ont mis au monde, ayez pour eux un peu d'indulgence et de respect. S'ils se sont bien acquittés de leur tâche, dites-le-leur. Si vous les aimez (et rien ne vous y oblige), dites-le-leur aussi. S'ils ont été de pitoyables parents, pardonnez-leur et tournez la page.

Vous êtes leur enfant, et en tant que tel vous avez un devoir de respect envers eux. Vous avez la responsabilité de les traiter avec bonté et de valoir mieux qu'eux en leur pardonnant sans les juger. L'enfance que vous avez eue, vous êtes capables de la dépasser.

> Et nous alors ? Il y a bien des domaines de la vie où nous ne sommes ni efficaces ni doués, ni même très motivés.

Loi n° 71

Fichez la paix à vos gosses

Ce que c'est que d'être de bons parents, en quoi consiste votre rôle de parents, nous allons en parler dans une minute. Mais d'abord, jetons un coup d'œil à cette Loi. « Fichez la paix à vos gosses » signifie en réalité : soutenez et encouragez vos enfants – je devrais écrire *tous les enfants*, et pas seulement les vôtres. Les pauvres, ce n'est pas si souvent que ça leur arrive. Ils ont tout le monde sur le dos, et le mot qu'ils entendent le plus souvent est « non ». Non, ne fais pas ceci. Non, tu n'est pas assez grand. Non, tu n'auras pas ça. Non, tu ne sortiras pas. Non, tu ne peux pas aller voir ce film.

Remontez un peu dans vos souvenirs, et vous verrez si vous avez connu autre chose.

C'est terriblement facile pour nous de dire « non ». C'est le mot qui nous vient tout de suite à la bouche. Alors, pour être capable de soutenir et d'encourager nos enfants, il faut nous en déshabituer et apprendre à dire « oui ». Bien sûr, notre « oui » sera conditionné par leur âge et leurs compétences. N'empêche que d'entendre un « oui » leur donnera une formidable impulsion, même tempéré par un « mais pas tout de suite » ou « lorsque tu seras assez grand » ou « quand tu auras fait assez d'économies ».

C'est également bien trop facile de dire à un enfant : « Tu ne sais pas faire ça » ou « Ce n'est même pas la peine d'essayer, tu n'y arriveras pas ». Mieux vaut l'encourager et le laisser apprendre par lui-même qu'on ne réussit pas à tous les coups, que de lui mettre cette idée-là dans la tête avant même qu'il ait commencé. Je sais bien, on voudrait tous éviter à nos gosses les déboires, les échecs, les déceptions. Mais des fois il faut mettre ses angoisses de côté et plutôt les pousser en avant.

Les bons parents, les vrais, sont ceux qui disent : « Allez, vas-y, pas de problème, tu vas y arriver haut la main, tu en es plus que capable. » C'est en nous entendant formuler bien haut notre approbation et notre soutien que nos enfants pourront prendre confiance en eux et acquérir la capacité d'entreprendre – et de réussir – de plus en plus de choses. Si nous disons toujours « non », ils grandiront avec une piètre estime d'eux-mêmes et un déficit de confiance en soi.

À l'âge de six ans, une de mes amies rêvait désespérément de devenir danseuse étoile. Elle n'en avait absolument pas la silhouette et cela se voyait déjà – elle mesure maintenant un mètre quatre-vingt, avec de grands pieds et une carrure d'athlète. Ses parents n'étaient pas aveugles ; ils auraient pu lui dire qu'elle ferait mieux de choisir une autre activité, le catch, par exemple. Pourtant ils l'ont inscrite à un cours de danse. Elle n'a pas mis longtemps à s'apercevoir de son erreur ; les exercices lui faisaient mal aux jambes et elle a préféré arrêter. Mais comme c'est elle qui en a pris la décision, son estime de soi n'en a pas souffert. (Si seulement ils s'étaient abstenus de la photographier en tutu !)

Quoi que vos enfants se mettent en tête de faire, ce n'est pas à vous de leur couper les ailes, de leur mettre des bâtons dans les roues, de miner leurs espoirs ou de les dissuader de leur projet. Votre rôle est de guider leurs pas tout en les épaulant, de leur donner les moyens de réaliser leurs entreprises, quelles qu'elles soient. Qu'ils réussissent ou non est anecdotique. Tout ce qui compte, c'est qu'ils aient eu la possibilité d'essayer.

> Ils ont tout le monde sur le dos, et le mot qu'ils entendent le plus souvent est « non ».

Loi n° 72

Ne prêtez d'argent que si vous êtes préparé à ne jamais le revoir

L'intitulé complet de cette Loi devrait être : Ne prêtez d'argent à un ami, votre enfant, vos frères et sœurs et même vos parents, que si vous êtes préparé à ne jamais les revoir – l'argent, ou ceux à qui vous l'avez prêté.

On raconte cette jolie anecdote à propos, je crois, d'Oscar Wilde (dites-moi si je me trompe) : il avait emprunté un livre à un ami et oublié de le lui rendre. Son ami vint chez lui réclamer l'ouvrage ; le jeune Oscar l'avait perdu. Son ami l'accusa alors d'avoir saboté leur amitié. « Et toi, est-ce que tu ne l'as pas sabotée en venant me le réclamer ? » rétorqua Oscar Wilde.

Abstenez-vous de prêter quoi que ce soit – livre, argent ou autre – si vous n'êtes pas capable d'assumer le fait de le savoir perdu, oublié, abîmé, brisé, ou que sais-je.

Si vous tenez à un objet comme à la prunelle de vos yeux, ne le prêtez surtout pas ; gardez-le plutôt en lieu sûr. Quoi que vous prêtiez, y compris de l'argent, attendez-vous à ne jamais le revoir si tant est que vous teniez à la personne qui vous l'emprunte. Si on vous le rend, tant mieux. Sinon, tant pis, mais au moins vous n'aviez aucune illusion.

Beaucoup de parents font l'erreur de prêter de l'argent à leur progéniture, et sont blessés et déçus de ne pas être remboursés. Mais toute leur vie ils ont donné de l'argent à leurs gosses, et voilà que tout à coup, sous prétexte qu'ils ont grandi ou sont entrés à l'université, ces mêmes parents se mettent à parler de prêt et à exiger un remboursement ! Ils ne l'obtiendront évidemment pas. C'est irréaliste, leurs enfants n'y sont pas habitués. Si les vôtres vous remboursent, estimez-vous heureux et soyez-leur-en reconnaissant.

Pour les amis, c'est la même chose. Si cela vous contrarie qu'on ne vous rende pas ce que vous prêtez, ne leur prêtez rien. C'est votre droit, après tout. Rien ne vous y oblige. Mais si vous choisissez de le faire, alors renoncez à ce que vous avez prêté. Évidemment, si l'argent compte plus pour vous que l'amitié, exigez d'être remboursé – avec intérêts.

La même Loi vaut pour les frères et sœurs, et pour les parents (Seigneur, ne leur prêtez de l'argent sous aucun prétexte, *jamais* ils ne vous rembourseraient !). Mais à qui peut-on prêter de l'argent alors ? À de parfaits étrangers, évidemment. Et ils ne vous le rembourseront jamais non plus.

> Si vous tenez à un objet comme
> à la prunelle de vos yeux, ne le prêtez
> surtout pas ; gardez-le plutôt en lieu sûr.

Loi n° 73

Les sales gosses, ça n'existe pas

Une expression venue du sud de la Californie est venue contaminer sournoisement la Grande-Bretagne, et, quand je l'ai entendue, cette expression m'a fait bouillir : « C'est un bon fils, il s'est seulement mal conduit. »

Cette formule m'a fait grincer des dents. Je l'ai instantanément détestée. J'ai vitupéré sans fin. C'est le pire exemple de jargon post-New Age que je connaisse. Pourtant, et je m'en excuse, je l'ai reprise à mon compte. Non que vous m'entendiez jamais la prononcer, mais je souscris au sentiment qu'elle exprime. Parce que, voyez-vous, les sales gosses, ça n'existe pas. Il y a des enfants qui se conduisent mal. Il y en a même qui se conduisent terriblement mal. Mais ça ne fait pas d'eux des sales gosses. Peu importe que mes enfants soient vilains, ils ne sont pas méchants. Leur comportement me fait parfois tourner en bourrique, n'empêche que le soir, quand ils sont au lit, ce sont de petits chérubins, des anges de bonté et de perfection. Oui, ce qu'ils font pendant la journée me fait sortir de mes gonds et c'est mal, ils se conduisent comme d'impossibles garnements, et pourtant ils demeurent d'une bonté intrinsèque.

S'ils sont vilains parfois, c'est parce qu'ils explorent le monde, qu'ils apprennent à en situer les limites. Pour y comprendre quelque chose, il faut bien qu'ils fassent des bêtises. Rien que de très naturel et de très normal.

De même pour tout comportement qui n'entre pas dans un cadre ordinaire : il n'y a pas d'enfants maladroits, seulement des gestes maladroits; pas d'enfants stupides, seulement des conduites stupides; pas d'enfants malveillants, seulement des actes de malveillance; pas d'enfants égoïstes, seulement des attitudes égoïstes.

Ils ne savent pas faire autrement, et c'est à vous de le leur apprendre, c'est à vous de les éduquer, de les aider, de les encourager. Si vous partez avec un préjugé négatif à leur égard, vous partez du mauvais pied. Si vous prenez pour principe que ce sont des sales gosses, c'est à peu près sûr que vous n'y arriverez pas. On ne change pas un enfant mauvais; mais on peut corriger un mauvais comportement. Si vous êtes persuadé que l'enfant est bon par nature, c'est gagné d'avance. Tout ce qu'il vous reste à faire est de corriger son attitude, et cet objectif-là est à votre portée.

Dire à un enfant qu'il est un sale gosse peut lui porter terriblement préjudice. Il en restera dans son esprit une empreinte très difficile à effacer. Mieux vaut lui dire qu'il a mal agi, car il peut y remédier; tandis que le traiter irrévocablement de sale gosse le condamne à l'impuissance et cela l'affectera profondément.

> On ne change pas un enfant mauvais; on peut corriger un mauvais comportement.

Loi n° 74

Ayez toujours la pêche avec ceux que vous aimez

Vous êtes devenu un adepte des Lois. À partir de maintenant, avec ceux qui vous sont chers, votre mission est d'avoir toujours la pêche. Plus question de geindre, de grommeler, d'exprimer des idées noires. Fini tout ça. Désormais vous serez toujours optimiste, de bonne humeur, oiseau de bon augure exclusivement.

Quand on vous demandera comment ça va, vous ne répondrez plus « Bof, on fait aller », mais : « Très bien, super ! » Même si vous êtes crevé, si vous avez eu une journée pourrie et si vous vous sentez minable. Et vous savez quoi ? Le plus intéressant, c'est qu'au moment où vous direz « Super ! », même si c'est sans conviction, vous trouverez quelque chose de positif qui le justifie. Tandis que si vous aviez répondu « Bof, ça pourrait aller mieux », vous auriez pensé à tout ce qui ne va pas dans votre vie. Essayez, ça marche, je vous assure.

Donc à partir d'aujourd'hui, à compter de la seconde où vous lisez ces lignes, vous aurez toujours le sourire, vous serez toujours gai et de bonne humeur. Pourquoi ? Parce qu'il faut bien que quelqu'un s'en charge, ou alors tout le monde n'aurait qu'une envie : se flinguer. Notre vie ici-bas est dure et semée d'embûches. Il faut bien quelqu'un pour alléger un peu le fardeau, ouvrir les rideaux, détendre l'atmosphère. Qui ça ? Eh bien : vous !

Je sais, je sais. Vous vous dites : « Pourquoi moi ? Pourquoi est-ce que c'est moi qui me coltinerais cette corvée ? » Parce que vous en êtes capable, voilà tout. Seulement changez discrètement (rappelez-vous la Loi n° 1), n'en faites pas toute une affaire. Opérez juste un léger aiguillage du cœur, un changement de cap intérieur. À partir de maintenant, avec ceux que vous aimez, pas question d'être autre chose que positif. Allez vous plaindre à des étrangers, d'accord. Mais avec vos êtres chers, accrochez les lampions, envoyez la musique.

Les gens bien dans leur peau, ceux pour qui tout baigne, ces gens-là sont toujours de bonne humeur. Ils se préoccupent davantage des malheurs, épreuves, souffrances des autres que de leurs petits problèmes personnels. Au lieu de se plaindre, ils vous demandent tout de suite de vos nouvelles. Ils pensent et agissent positivement, ils respirent la confiance en eux, ils sont enthousiastes et enjoués.

Un de mes amis est parti vivre dans un pays étranger dont il parlait très peu la langue. Il s'est senti beaucoup mieux là-bas parce qu'il ne connaissait pas les mots pour dire « mal », « déprimé », « ras le bol ». Quand on lui demandait comment il allait, tout ce qu'il savait répondre, c'était : « Heureux » – il ne savait pas dire autre chose. Et dès qu'il le prononçait, ça lui remontait immédiatement le moral.

Il faut bien quelqu'un pour alléger
un peu le fardeau, ouvrir les rideaux,
détendre l'atmosphère.

Loi n° 75

Confiez des responsabilités à vos enfants

Les enfants grandissent, puis ils quittent le nid. De petits bébés sans défense qu'ils ont été, ils deviennent des adultes à part entière qui boivent de la bière et ont une vie sexuelle sitôt que vous avez le dos tourné. Le truc, c'est de tâcher d'évoluer avec eux. À mesure qu'ils grandissent, il faut lâcher du lest et leur laisser de plus en plus la bride sur le cou. S'efforcer de résister à la tentation de tout faire à leur place et les laisser préparer des œufs au plat* ou repeindre la poubelle** tout seuls.

L'équilibre est délicat. Vous ne pouvez pas leur confier plus de responsabilités qu'ils ne peuvent en assumer, mais vous ne devez pas les brider non plus. Et la première fois que les laisserez faire des œufs au plat ou repeindre la poubelle, ce sera évidemment un affreux gâchis : du jaune d'œuf partout, le sol du garage constellé de taches de peinture.

* Je dois cet exemple à mon fils quand il avait à peu près huit ans. À la question « c'est quoi être adulte ? », il a répondu que c'était de pouvoir faire cuire des œufs au plat tout seul – il n'avait pas la permission à l'époque. Je me suis senti tellement mesquin de le lui interdire que je l'ai laissé préparer le petit déjeuner tous les matins pendant un mois, jusqu'à ce qu'il ait passé son envie.

** Celui-là m'a été inspiré par un ami qui était dans une colère chronique contre son père. Quand je lui ai demandé pourquoi, il m'a raconté que, enfant, il n'avait jamais le droit d'aider à quoi que ce soit. Il a fini par péter les plombs le jour où il a demandé à son père qui repeignait une poubelle s'il pouvait lui donner un coup de main, et où le père a répondu non. Pourquoi cette réponse ? Il n'y avait pourtant pas grand risque à le laisser faire. La raison pour laquelle le père repeignait la poubelle n'est pas précisée dans l'histoire.

La plupart du temps, c'est cette peu réjouissante perspective qui fait dire «non» aux parents. Mais il faut bien casser quelques œufs pour apprendre à faire une omelette (ah ah ah). Il faut bien éponger quelques taches de peinture si on veut que ses gosses deviennent de bons bricoleurs quand ils seront grands.

Quand ils sont tout bébés et qu'ils apprennent pour la première fois à boire dans une tasse, on sait qu'ils vont en mettre partout. On a l'essuie-tout à portée de la main, prêt à réparer les dégâts. Et puis quand ils sont devenus ados, c'est une bonne habitude qu'on a perdue. On croit qu'ils vont faire impeccablement le ménage dans leur chambre du premier coup. Mais ils en sont incapables, ils n'ont jamais fait ça! Il faut qu'ils apprennent d'abord, et le processus d'apprentissage consiste à : ne pas le faire; puis le faire, mais mal; puis le faire, mais pas exactement comme nous, adultes, le ferions. Notre rôle est de les aider. De leur en laisser la responsabilité peu à peu, morceau par morceau, avec nous pour guide.

Nous attendons d'eux qu'ils fassent tout parfaitement d'emblée, sans faire tomber une seule goutte de leur tasse, sans verser de jaune d'œuf à côté de la poêle, sans faire des taches de peinture par terre. Ce sont des exigences irréalistes. Grandir, ça ne se fait pas sans gâchis.

> À mesure qu'ils grandissent, il faut lâcher du lest et leur laisser de plus en plus la bride sur le cou.

Loi n° 76

Vos enfants ont besoin de quitter le nid avec perte et fracas

Ils n'ont jamais fait le ménage dans leur chambre. Ils ont mis leur sono à fond et leur musique de sauvages vous a rendu dingues. Vous êtes tous les deux au bord de la crise de nerfs et vous vous demandez ce que vous avez pu faire pour avoir hérité de ces espèces d'asperges molles et grincheuses habillées de noir. Ils répondent par monosyllabes, sont déprimés (mais c'est fou comme ils retrouvent la forme dès que leurs copains sont là), ont tout le temps faim, disent des gros mots, vous exploitent, ne vous attirent que des ennuis et ont implacablement honte de vous. Et vous vous en voulez. Tout ça, c'est votre faute. Vous les avez comme qui dirait ratés. Eh bien pas du tout ! Au contraire.

Vos gosses, ils ont besoin de se brouiller avec vous pour pouvoir quitter le nid. S'ils vous aimaient trop, jamais ils ne partiraient. Vous les avez élevés, torchés, langés, nourris, entretenus toute leur vie. Et ils n'ont pas envie de vous dire merci. Ce qu'ils veulent, c'est fiche le camp, prendre des cuites, baiser et jurer comme les grands. Ils ne veulent plus être le petit ange à son papa et sa maman. Ils veulent être bourrus, hardis, grossiers, adultes. Ils veulent partir à la découverte du monde et se retrouver dans le pétrin tout seuls. Ils ont besoin de briser leurs chaînes, de rompre les amarres parentales et de gambader en criant : « Enfin libres ! » Comment voulez-vous qu'ils y arrivent s'ils sont encore pendus au cordon ombilical, pétris de respect et d'amour filial ? Ils ont besoin d'une rupture libératrice avant de pouvoir revenir au bercail comme davantage que vos enfants.

Tout cela est dans l'ordre de la nature, laissez faire et réjouissez-vous de les entendre claquer la porte. Je dirais même : plus tôt vous les mettrez dehors, plus tôt ils vous reviendront. Certes, vous ne pourrez plus ébouriffer tendrement leurs cheveux, les border et leur lire un conte avant qu'ils ne s'endorment ; à leur place, vous trouverez des amis adultes avec qui vous pourrez établir une toute nouvelle relation.

Si vous essayez de les retenir, ils vous en voudront bien plus longtemps. Si vous prenez mal leur départ, ils seront longs à revenir parce qu'ils se sentiront coupables.

Donnez ceci à lire à votre enfant adolescent : N'en faites pas trop voir à vos parents. Ils se sentent aussi menacés que vous par la relation avec le nouvel individu que vous êtes devenu. Ne chargez pas trop la barque, eux aussi improvisent au fur et à mesure, comme vous.

> Ils ont besoin d'une rupture libératrice avant de pouvoir revenir au bercail comme davantage que vos enfants.

Loi n° 77

Ils auront forcément des copains qui vous déplaisent

« Oh non, encore ? Pas Mickey Brown ! » C'était le cri du cœur de ma mère chaque samedi matin. Elle haïssait Mickey Brown. Elle ne pouvait pas le sentir, pas le voir en peinture. Pourquoi ? Aucune idée. La plupart de mes amis lui déplaisaient, mais sa bête noire, c'était ce pauvre Mickey Brown. Elle l'avait pris en grippe avant même de l'avoir rencontré.

Dites-vous bien que vos gamins auront de temps en temps des relations que vous n'approuverez pas. C'est normal. Il faut faire avec. Enfant, on est attiré par d'autres enfants aussi différents de soi que possible. C'est une façon d'explorer le monde. On est séduit par des très pauvres ou des très riches parce qu'on ne sait pas ce que c'est et qu'on veut s'en faire une idée. On craque pour un petit malfrat ou un enfant gâté, pour un gosse d'un milieu social à l'opposé du sien ou d'une tout autre origine ethnique, pour un petit morveux, un gamin autiste, un jeune gitan ou une tête à claques de petit-bourgeois qui se prend pour quelqu'un parce que papa est comptable.

Quoi qu'il en soit, ça nous fait tiquer, nous autres parents. C'est humain. Mais il faut nous raisonner. Notre rôle est d'être de leur côté, d'être positifs, accueillants, ouverts. Pourquoi ? Parce que si nos gosses en fréquentent d'autres qui mettent notre tolérance à l'épreuve, eh bien, c'est tant mieux. Cela montre que notre éducation a fait d'eux des personnes qui ne portent pas de jugement et sont sans préjugés. Et s'ils sont ainsi, nous devons imiter leur exemple.

Le plus drôle, c'est que les parents de Mickey Brown ne pouvaient pas me sentir non plus. Il n'avait pas le droit de jouer avec des pistolets et j'en apportais chez lui en douce. Je n'étais pas particulièrement fanatique des armes (des armes pour rire, évidemment), mais j'adorais lui attirer des ennuis…

Un jour, l'un de mes enfants a insisté pour inviter à sa fête d'anniversaire un camarade de classe affligé de certains problèmes d'adaptation sociale (ce qu'on appelle d'habitude un gamin impossible, sauf que vous n'avez plus le droit d'utiliser ces termes-là, *cf.* la Loi n° 73). Quand ses parents sont venus le rechercher, ils étaient émus aux larmes, parce que c'était bien le premier anniversaire auquel le pauvre gosse ait jamais été convié. Hein ? Comment ça s'est passé ? Oh, il a été sage comme une image. Enfin, je veux dire qu'il a été plus infernal que nature. Des semaines après, je grommelais encore que ce môme ne mettrait plus jamais, jamais les pieds chez nous. Non, sérieusement, il a fichu un bazar pas possible… mais pas plus que les autres. Un de ses petits camarades, censément au-dessus de tout soupçon, a été pris en flagrant délit alors qu'il remplissait mes bottes en caoutchouc de gelée aux fruits et de sandwichs au fromage – il n'en avait peut-être pas eu l'idée tout seul, si vous voyez ce que je veux dire…

> Si nos gosses en fréquentent d'autres
> qui mettent notre tolérance à l'épreuve,
> eh bien, c'est tant mieux.

Loi n° 78

Votre devoir d'enfant

Vous êtes un adulte aujourd'hui, et vous ne reconnaissez probablement pas l'enfant en vous. Pourtant vous en êtes encore un, même si vos parents ne vous tiennent plus par la main quand vous marchez dans la rue ensemble.

Jusqu'à ce qu'ils aient tous les deux disparu et que leur décès vous ait en quelque sorte «promu» adulte, vous avez encore le statut d'enfant. Et vous avez la responsabilité, vous avez le devoir, maintenant que vous êtes un adepte des Lois, de vous montrer poli, patient, attentionné et coopératif avec eux.

Oui, je sais bien qu'ils vous font tourner en bourrique, mais à partir de dorénavant vous avez un rôle à assumer, qui consiste tout simplement à :

- avoir avec eux un comportement impeccable;
- prendre soin d'eux, s'ils le souhaitent et s'ils en ont besoin;
- vous abstenir de le faire dans le cas contraire;
- les écouter rabâcher leurs vieilles blagues sans vous énerver ni pousser des soupirs;
- admettre qu'ils ont beaucoup trimé durant leur longue vie, et qu'ils en ont tiré une grande expérience dont une partie peut vous être profitable, ce que vous ne saurez jamais si vous vous obstinez à hausser les épaules et à ne pas écouter leurs avis;

- leur rendre visite, de leur téléphoner, échanger avec eux plus souvent que vous ne le croyez nécessaire – même si pour eux ça ne sera probablement pas assez ;
- ne pas dire du mal d'eux devant vos enfants, mais de les présenter au contraire comme les meilleurs grands-parents au monde ;
- les accueillir chaleureusement chez vous et les laisser regarder sans vous plaindre les programmes télé de leur choix.

En quel honneur vous feriez tout ça ? Parce qu'ils vous ont mis au monde et se sont donné le mal de vous élever. Oui, je sais qu'ils ont commis quelques erreurs, mais vous les leur pardonnez toutes (voir la Loi n° 70). D'ailleurs vous n'êtes pas si raté que ça. Mais non, je vous assure.

Les parents méritent d'être décemment traités quand ils vieillissent et ont besoin de quelqu'un qui les écoute et les prenne au sérieux. Et puis ils sont bien utiles pour garder vos enfants ou votre chien (gratuitement, en plus).

> Vous avez le devoir de vous montrer poli, patient, attentionné et coopératif avec vos parents.

Loi n° 79

Votre rôle de parent

Aïe, elle n'est pas évidente, celle-là. En tant que parent, vous avez un rôle à jouer et il est important, mais comment le définir, comment vous le rendre assez réel pour que vous puissiez le mettre en pratique ?

D'après Steve Biddulph, auteur de plusieurs ouvrages sur l'éducation des enfants, dont *Élever un garçon**, notre rôle de parent consiste à assurer la survie de nos enfants jusqu'à ce qu'ils soient assez grands pour se débrouiller tout seuls...

Si vous êtes assez fou pour devenir parent, vous signez avec vos enfants un contrat tacite par lequel vous vous engagez à leur fournir tout ce que vous pouvez donner de mieux, et par là je ne désigne pas seulement les possessions matérielles. Votre mission, si tant est que vous la preniez en charge, est de tout faire pour être le meilleur parent possible. Comme tel, vous leur prodiguerez encouragements, soutien, bienveillance, patience, vous serez pédagogue, loyal, honnête, chaleureux et aimant.

Vous les nourrirez des aliments les plus sains et favorables à leur croissance. Vous leur donnerez accès à la meilleure éducation en fonction de leurs talents. Vous aurez à cœur de favoriser leur ouverture dans tous les domaines, pas seulement dans ceux qui vous intéressent personnellement. Vous veillerez à tracer des frontières nettes entre ce

---

* Steve Biddulph, *Élever un garçon*, Paris, Marabout Guide poche, 2007. Du même auteur, voir aussi *Le Secret des enfants heureux*, 2 vol., Marabout Essais poche, 2006, rééd. 2007.

qui est permis et ce qui ne l'est pas, y compris par des punitions claires et mesurées en cas de transgression. Vous adapterez votre degré de surveillance à leur âge – les petits enfants en ont plus besoin que les grands. Ils trouveront toujours chez vous un refuge, quel que soit le pétrin où ils se soient mis dans ce monde de brutes.

Vous serez solide, chaleureux, aimant, tolérant et responsable. Vous leur inculquerez des valeurs et serez pour eux un modèle. Vous ne ferez ni ne direz rien dont vous puissiez rougir devant eux. Vous les défendrez, les protégerez et assurerez leur sécurité. Vous les stimulerez, nourrirez leur imagination pour faire d'eux des êtres créatifs, passionnément curieux du monde et impatients de s'y lancer.

Vous les approuverez, serez soucieux de promouvoir en eux l'estime de soi et la confiance. Vous les enverrez faire leurs premières armes dans le vaste monde nantis d'un bon bagage d'études, d'une bonne éducation, de manières impeccables, et vous en ferez des membres productifs de la société. Et quand viendra pour eux le temps de quitter le nid, vous les aiderez à boucler leurs valises et resterez à leurs côtés jusqu'à ce qu'ils aient trouvé leur assiette – jusqu'à ce qu'ils aient déployé leurs ailes, plutôt.

Bref, être parent, ce n'est vraiment pas grand-chose.

> Votre mission, si tant est que vous
> la preniez en charge, est de tout faire
> pour être le meilleur parent possible.

Les Lois des relations sociales

Chaque jour nous sommes en contact avec des êtres humains de chair et d'os – sur notre lieu de travail, dans les transports en commun, dans les magasins, partout. Nous connaissons peut-être déjà certains, mais la plupart sont de parfaits inconnus ; le monde est peuplé de gens avec qui nous interagissons. Ces interactions sociales, mineures ou majeures, peuvent être soit un facteur d'épanouissement, soit une corvée. Voici donc quelques-unes des Lois qui les régissent. Ces Lois ne sont pas immuables. Elles ne seront pas non plus une révélation, il s'agit juste d'un petit rappel.

Nous verrons quelques-unes de celles qui prévalent sur le lieu de travail. Après tout, c'est là que nous passons le plus clair de notre temps ; alors s'il existe un moyen de promouvoir notre carrière et de rendre notre vie professionnelle plus agréable, satisfaisante et profitable, cela ne fait sûrement pas de mal.

Les relations sociales constituent le quatrième cercle que nous traçons autour de nous (le premier englobant nous-même, le deuxième notre couple, le troisième notre famille et nos amis, le cinquième toute la planète). Il est redoutablement facile de donner la priorité à son propre groupe, classe sociale ou communauté quelle qu'elle soit, de le prétendre seul valable et supérieur aux autres. Le problème, c'est que chaque communauté en fait autant. Il est tellement plus positif d'élargir ce cercle pour y inclure des gens d'origines sociales et ethniques différentes, ou d'autres groupes, jusqu'à se sentir membre de la communauté la plus large, celle de l'humanité. Mieux vaut inclure qu'exclure, même un seul individu ; pourtant, il est aussi terriblement facile d'exclure, quelle qu'en soit la raison, de tracer une frontière entre « eux » et « nous », alors qu'il n'y a ni « eux » ni « nous » – seulement nous tous.

Le respect est dû à tous, sinon à quoi cela rime-t-il ? Si nous ne sommes pas solidaires les uns des autres, le tissu de la société s'effiloche. Nous sommes voués à nous entraider indépendamment de nos différences, car, si nous n'aidons pas les autres, personne ne viendra à notre secours quand nous en aurons besoin. C'est à nous de tendre la main les premiers. Pourquoi ? Parce que nous sommes des adeptes des Lois.

Loi n° 80

Nous sommes plus proches qu'on ne le croit

J'ai un ami. Pas un ami intime, plutôt une vague connaissance. Un type réglo. Informaticien. Marié, père de famille. Normal, correct, la vie de M. Tout le monde, 9 h-17 h, rien à signaler. Croyait-il.

C'est un Anglais de pure souche. Il y allait souvent de son couplet sur l'immigration, citait quelques statistiques, mais on sentait bien que cela avait pour lui des résonances plus profondes. Or il a récemment découvert qu'il avait été adopté. Et après ? Il n'est pas le seul. Oui, mais voilà, il s'est lancé dans les recherches généalogiques. Eh bien… Vous avez deviné : son père était un étranger*. Ça ne se voit absolument pas sur lui, mais il n'est pas aussi anglais qu'il croyait l'être. Intéressant.

Si vous creusez un peu le passé de n'importe qui, il y a fort à parier que vous exhumerez un *melting pot*. Aucun d'entre nous n'est ethniquement « pur ». C'est partout un tel mélange humain – un vrai cocktail ! – que nous serions bien embarrassés de déterminer avec certitude notre origine exacte. Il suffit de remonter assez loin pour trouver en chacun un petit bout qui n'est pas comme le reste. Il paraît qu'une bonne moitié des Européens remonte en lignée paternelle à Gengis Khan – un Mongol !

À quoi je veux en venir ? Ne jugez pas les autres, nous sommes tous des êtres humains, tous tirés du même chaudron. Quelque part en amont,

* Je précise que c'est lui qui emploie ce terme, pas moi.

nous appartenons tous à la même famille. Il n'y a aucune différence entre nous. Nous devons accepter les autres communautés, les autres cultures, même celles qui sont très différentes en apparence, car il suffit de gratter un peu la surface pour voir que nous sommes tous pareils, à très peu de chose près.

Certes, nous portons différents costumes, nous parlons diverses langues et nos coutumes divergent, mais nous tombons tous amoureux, nous avons tous besoin de tenir quelqu'un dans nos bras, de fonder une famille, d'être heureux et de réussir dans la vie, de ne pas avoir peur du noir, de vivre une longue vie, de mourir d'une bonne mort, de rester le plus longtemps possible séduisant, svelte, jeune et en bonne santé. Peu importe que nous portions un costume trois pièces, un sari ou un pagne, le chagrin nous fait pleurer, la joie nous fait rire aux éclats et la faim nous fait gargouiller l'estomac. Le vernis que nous avons en surface ne tient pas bien longtemps ; et, dessous, nous sommes tous semblables, tous de merveilleux êtres humains, terriblement humains.

> Il suffit de gratter un peu la surface pour voir que nous sommes tous pareils, à très peu de chose près.

Loi n° 81

Il n'y a pas de mal à pardonner

La colère, ça monte comme du lait. On se hérisse pour un rien, on grommelle, on a des gestes brusques, on pousse des jurons. L'indulgence, le pardon, ce n'est pas aussi facile. Et je ne parle pas de tendre l'autre joue, comme on dit. Seulement de voir la situation du point de vue de l'autre. Et de lui pardonner.

L'autre jour, en vacances, j'ai été mêlé à un incident : un cycliste trempé comme une soupe prenait violemment à partie un automobiliste (non, ce n'était pas moi) qu'il accusait de l'avoir quasiment poussé dans le fossé en le doublant. Il était hors de lui et hurlait des insultes. J'ai essayé de le raisonner et de défendre la personne qu'il accusait, alors j'en ai pris autant pour mon grade. Après quoi il a enfourché son vélo, et comme il brandissait le poing dans ma direction il est parti en zigzaguant. C'était cocasse, et, en moi-même, cela m'a fait beaucoup rire. Je n'ai eu aucun mal à lui pardonner ses offenses (cela dit sans référence à quoi que ce soit de religieux), parce que je voyais bien qu'il aurait mieux fait d'aller passer ses vacances ailleurs.

Manifestement, il s'attendait à une jolie balade ; le problème, c'est que cette région de collines verdoyantes est vraiment très accidentée, et, pour couronner le tout, il pleuvait à seaux depuis le matin. Il était crevé, trempé, fourbu et mécontent. Comment ne pas lui pardonner ? À sa place, moi aussi j'aurais été d'une humeur massacrante et prêt à chercher la bagarre avec le premier venu. Je le sentais tellement malheureux qu'il me faisait pitié. Bon, c'est sûr, il aurait dû s'abstenir de jurer comme un charretier, surtout devant des gosses. C'est vrai qu'il avait l'air prêt à me casser la g…, et ce n'était pas beau à voir. Mais moi, vous, n'importe qui d'autre aurait pu se retrouver dans la même situation que lui – transi, crevé, trempé. Est-ce qu'on n'en aurait pas fait autant ?

Être indulgent ne signifie pas se laisser chahuter. Il est légitime de tenir tête, de dire : « Stop ! je n'accepte pas ce genre de comportement. » Mais on peut aussi essayer de pardonner, parce qu'on est capable de se mettre à la place de l'autre. Le mot tolérance serait peut-être plus exact que pardon ; quoi qu'il en soit, cela n'a rien à voir avec la soumission. On peut très bien répondre « Dégage ta bécane pourrie, espèce de minable », tout en ressentant de la pitié pour le pauvre mec qui nous a insulté. Au fond, c'est sûrement un brave type.

Si quelqu'un vous prend à partie et vous abreuve d'injures, rappelez-vous seulement que, si ça se trouve, c'est parce qu'il a eu une journée de cochon.

> Être indulgent ne signifie
> pas se laisser chahuter.

Loi n° 82

Il n'y a pas de mal à être serviable

Dans la Loi précédente, nous avons vu que le colérique sur qui vous êtes tombé était peut-être de mauvaise humeur parce qu'il en avait gros sur la patate. Alors essayons de lui adoucir le reste de sa journée avant qu'il ne s'en prenne à quelqu'un d'autre. Tâchons de mettre un peu d'huile dans ses rouages, et peut-être – je dis bien peut-être – les cyclistes allumés auront-ils l'épiderme un peu moins sensible. Celui-là, si ça se trouve, personne ne lui avait fait la moindre fleur ce jour-là. Ça ne lui était peut-être même pas arrivé depuis un bon bout de temps. Vous voyez, c'est votre faute. Si vous aviez été un peu plus aimable envers lui, ce n'est pas nous qui aurions pris.

Être toujours disposé à donner un coup de main, et plus généralement être d'un abord avenant envers tout le monde, ce n'est pas bien difficile une fois qu'on a compris que c'est notre devoir à tous. Cela peut même devenir un comportement standard, « par défaut » : la réponse qui nous viendra automatiquement sera : « Mais oui, pas de problème, j'arrive », plutôt que : « Désolé, je n'ai pas le temps, vous ne pouvez pas demander à quelqu'un d'autre ? »

Faites-en l'expérience au travail, vous constaterez que cela sert votre réputation et votre carrière. Être connu comme un type serviable ne fait pas de vous une poire. En fait, c'est même tout le contraire.

Si vous voyez quelqu'un dans l'embarras – même si ce n'est rien de plus grave que d'avoir renversé son sac en faisant les courses –, rien ne vous empêche de proposer votre aide. À la personne de l'accepter ou non. Si elle répond «non merci», eh bien… vous aurez essayé, et c'est le principal.

Ce dont il s'agit ici, c'est d'aborder chaque jour avec la meilleure opinion d'autrui, d'être le premier à sourire, d'être toujours prêt à rendre service au lieu de passer son chemin. D'envisager la situation du point de vue de l'autre, d'être compatissant envers ses problèmes – sans avoir à les résoudre tous pour autant. De nous assurer que tout va bien autour de nous, pour nos proches mais aussi pour ceux qu'on ne connaît pas. Si tout le monde se donnait le mal de sourire de temps en temps aux inconnus, il y aurait peut-être un peu moins de conflits sur terre.

Ce dont il s'agit ici, c'est d'aborder chaque jour avec la meilleure opinion d'autrui.

Loi n° 83

Soyez fier des actions collectives

J'ai fait jadis un voyage en Islande – un fabuleux pays, accueillant, passionnant et plein d'enseignements. Une des choses qui m'ont marqué là-bas, c'est l'attitude des Islandais face aux projets d'intérêt général. J'étais dans un taxi, à Reykjavik, et le trafic était gêné par des travaux de voierie : on abaissait le niveau de la chaussée, apparemment. J'ai demandé pourquoi ; le chauffeur m'a répondu : « Nous modifions la rue parce que cette côte est mauvaise en hiver. » De retour en Angleterre, j'ai posé la même question à un chauffeur de taxi dans une situation similaire, aux environs de Heathrow. La réponse a été : « Aucune idée, mon vieux, *ils* trouvent toujours moyen de faire des trous par ici, c'est juste pour emm… le monde. » En Islande, on disait « nous » ; ici, on disait « ils ». Intéressant.

Je n'avais jamais réfléchi au fait que la façon dont nous désignons notre propre société est symptomatique de notre rapport avec elle. Les Islandais ont un sens très fort de la cohésion nationale. Ils se sentent part de leur communauté, ils disent « nous ».

Pour être solidaire de la communauté dans laquelle on vit, il faudrait peut-être commencer par s'y intéresser, se tenir au courant de ce qui s'y passe, y jouer un rôle au lieu de se plaindre de tout, tâcher de faire avancer les choses de l'intérieur. Quand une épicerie de village ferme boutique, tout le monde râle, mais tout le monde continue à faire ses courses à l'hypermarché. On ne peut pas avoir le beurre et l'argent du beurre. Pour qu'une société vive, il faut y mettre du sien, faute de quoi elle se sclérose et finit par mourir.

Vous n'êtes pas obligé de postuler au conseil municipal ou de siéger dans une commission, ce n'est pas ce que je veux dire, mais vous pouvez au moins assister aux séances, vous intéresser à ce qui se passe, vous tenir au courant.

Et il n'y a pas besoin de vivre à la campagne pour se sentir membre d'une communauté. Les quartiers urbains ne sont rien d'autre qu'une série de villages, chacun avec son identité propre et son territoire bien délimité. Rien ne vous empêche de prendre part à la vie communale et de vous sentir membre de votre quartier.

Et si votre communauté – y compris à l'échelle nationale – se conduit d'une manière que vous désapprouvez, le seul moyen d'y changer quelque chose est d'exprimer votre opinion. Mais il ne suffit pas de râler au comptoir du café du coin. Si vous voulez que ça bouge, il faut retrousser vos manches et vous mettre au travail.

> Pour être solidaire de la communauté
> dans laquelle on vit, il faut s'y intéresser,
> se tenir au courant, y jouer un rôle.

Loi n° 84

Et eux, quel est leur intérêt là-dedans ?

Nous voulons tous être gagnants. Au travail comme dans la plupart des domaines de la vie, gagner, on aime ça, et personne ne veut perdre. Devenir un loser, ce n'est pas un plan de carrière. Seulement nous avons tendance à penser que pour qu'on soit gagnant, il faut qu'il y ait un perdant quelque part. Pourtant, ce n'est pas une fatalité.

Dans toute situation, l'adepte des Lois avisé évalue les enjeux : « Et eux, quel est leur intérêt là-dedans ? » Connaître les motivations d'autrui permet en effet de gérer les événements (et sa propre action) de façon à parvenir à ses fins tout en laissant l'autre tirer lui aussi son épingle du jeu. Cette mentalité – « pas de perdants, rien que des gagnants » – s'inspire de la vie professionnelle, mais elle peut s'appliquer à toutes les situations et relations.

Pour vous faire une image claire des besoins et désirs de l'autre, prenez du recul et restez légèrement en retrait, comme si cela ne vous concernait pas. Soudain il n'y aura plus « eux » d'un côté et « vous » de l'autre ; vous cesserez de penser que c'est à « eux » de céder du terrain pour *vous* laisser toute la place.

C'est un vrai plaisir d'avoir affaire à quelqu'un qui sait appliquer cette Loi. Votre attitude de coopération et votre largeur de vues feront de vous un partenaire apprécié. Une fois que vous aurez appris à évaluer les intérêts de l'autre, toutes vos négociations se dérouleront sans heurt.

En outre, vous y aurez gagné la réputation de quelqu'un de responsable et d'obligeant, ce qui n'est pas négligeable non plus.

Et cela ne vaut pas seulement pour les négociations professionnelles. Essayez donc à la maison. Vous discutez projets de vacances, et, mettons, vous avez terriblement envie d'une randonnée équestre en France. Demandez-vous : «Et eux, qu'est-ce qui pourrait leur plaire là-dedans?» Mettez l'accent sur les aspects qui pourraient séduire les membres de votre famille et vous aurez plus de chance d'obtenir gain de cause. Si vous n'y parvenez pas, il faudra peut-être élargir la perspective; par exemple trouver un lieu de vacances où ils pourront s'adonner à la voile ou à la pêche à la ligne pendant que vous ferez du cheval. Vous avez compris comment ça fonctionne? La question «Et eux, qu'est-ce qu'ils peuvent y trouver?» vous aidera à trouver une solution.

De même en tant que parent. Si vous vous contentez d'édicter des interdits sans tenir compte des besoins et désirs de votre enfant, celui-ci regimbera et vous donnera du fil à retordre. Demandez-vous : «Et lui?» Vous verrez alors les choses de son point de vue et cela se passera plus en douceur. Vous avez tout à y gagner.

> Vous parviendrez à vos fins, tout en laissant l'autre tirer lui aussi son épingle du jeu.

Loi n° 85

Fréquentez des optimistes

Si vous voulez être bien dans votre peau, dans votre job, dans vos relations avec les autres, sachez qu'il existe deux catégories de fréquentations : les gens qui vous donnent la pêche, ceux qui débordent d'enthousiasme et d'énergie et dont la joie de vivre est communicative ; et puis les éternels geignards, les apathiques qui vous inoculent leur inertie. Et ces derniers sont à éviter à tout prix.

Fréquentez les optimistes, les dégourdis pour qui la vie est un défi passionnant qui vaut le coup qu'on le prenne à bras-le-corps. Ceux dont les opinions sont intéressantes et constructives, dont la conversation vous stimule et qui fourmillent de projets et de suggestions positives au lieu de gémir. Le genre de personnes qui vous diront que vous avez bonne mine au lieu de critiquer votre nouvelle coupe de cheveux.

Nous avons traité plus haut (Loi n° 85) des grands ménages qu'il est utile de faire dans sa vie – matériellement parlant. Maintenant il s'agirait peut-être d'appliquer le même principe au domaine de ses relations. Voyons voir.

Honnêtement, parmi vos fréquentations, quels sont les gens :

- Que vous êtes toujours ravi de revoir ?
- Qui vous incitent à relever tous les défis ?
- Qui vous font rire et que vous quittez content de vous ?
- Qui vous épaulent, vous soutiennent en toute circonstance ?

- Qui stimulent en vous les idées, les entreprises, les orientations nouvelles ?

Et quels sont ceux :

- De chez qui vous sortez déprimé ?
- Qui vous critiquent, devant qui vous vous sentez abattu, en colère ?
- Qui démolissent vos projets et découragent vos entreprises ?
- Qui ne vous prennent jamais au sérieux ?
- Face à qui vous vous sentez nul et incapable de réaliser quoi que ce soit ?

Recherchez sans hésiter la compagne des premiers. Boycottez les seconds, sauf s'ils ont seulement leurs mauvais jours occasionnels (ça arrive à tout le monde). Allez, n'hésitez pas. Vous allez me dire que ça ne se fait pas de trier impitoyablement ses amis sur ce genre de critères. C'est possible, mais moi je veux que mes amis soient un bonheur, pas un motif de récrimination. Si je me surprends à me plaindre de l'un d'eux, je coupe les ponts. Quel est l'intérêt de fréquenter des gens qui vous dépriment ? À moins, bien sûr, d'être maso.

> Quel est l'intérêt de fréquenter
> des gens qui vous dépriment ?

Loi n° 86

Soyez généreux de votre temps et de votre savoir

Avec l'âge, et même si vous n'êtes probablement pas devenu plus sage (*cf.* Loi n° 2), vous aurez accumulé pas mal de connaissances. Certaines d'entre elles pourront être très utiles à d'autres, souvent des jeunes, mais pas uniquement. Partagez-les avec eux. N'en soyez pas avare. Ne ménagez pas votre temps non plus. Qu'est-ce que vous pourriez en faire de mieux et de plus valable ?

Si vous possédez un talent ou un savoir-faire particulier, transmettez-le. Sans forcément aller jusqu'à vous inscrire comme bénévole au centre de réinsertion local pour passer tous vos loisirs à donner des cours à de jeunes écervelés, mais si une occasion se présente, saisissez-la.

L'autre jour, on m'a demandé de faire un exposé à une classe de CP sur le métier d'écrivain. J'ai commencé par me dire : mais je ne suis pas écrivain ! J'écris des livres, c'est tout. Me baptiser « écrivain » me paraissait exagéré et bien trop ambitieux. Qu'est-ce que je pourrais donc raconter à des mômes de six ans sur ce que je fais pour gagner ma vie ? Et puis je me suis rappelé cette Loi, que j'ai moi-même énoncée, et j'ai accepté avec enthousiasme. Eh bien j'ai passé une des plus belles matinées de ma vie. C'était super. Ils ont été attentifs, posé des questions tout à fait pertinentes, discuté comme de vraies grandes personnes, le sujet les a passionnés, c'était une merveilleuse expérience. Il aurait été si facile de dire non, pourtant. Au lieu de quoi, qui sait quel germe d'inspiration j'aurai semé, quelle étincelle j'aurai allumée, quelle vocation se sera ainsi décidée à mon insu ?

Cette Loi est particulièrement pertinente dans le domaine professionnel : on a vite fait de se croire supérieur sous prétexte qu'on est en possession de connaissances qu'on est seul à avoir ; de s'imaginer que savoir égale pouvoir et qu'il faut en garder jalousement la moindre miette. En fait, les gens qui ont la vie la plus féconde sont ceux qui cherchent sans cesse à transmettre ce qu'ils savent, à entraîner les autres dans leur sillage. Parce que si vous n'assurez pas la transmission, qui prendra le relais après vous ? En vous rendant indispensable, vous ne réussirez qu'à bloquer votre carrière.

Si vous gardez pour vous votre savoir, c'est pour en faire quoi ? De quels grands secrets êtes-vous dépositaire, qui aient à demeurer cachés aux yeux du monde ? Vous avez la flemme, peut-être ? Les adeptes des Lois dignes de ce nom répondent « présent » aussi souvent que possible, parce que transmettre son savoir est une fabuleuse expérience. Et réellement utile. Ne croyez pas que ce que vous savez ne puisse servir à personne. Je vous garantis que c'est tout le contraire, parce que chaque fois que vous direz oui vous prendrez une longueur d'avance sur tous ceux qui ont dit non. Et cela fera de vous quelqu'un d'important, d'accompli et de généreux dont le rôle sera décisif. Cela fera de vous quelqu'un de spécial.

Si vous possédez un talent ou un savoir-faire particulier, transmettez-le.

Loi n° 87

Impliquez-vous

S'impliquer dans quoi ? Tout, en fait, ou presque. Je veux dire par là : intéressez-vous au monde dans lequel vous vivez. Ne vous contentez pas de le regarder à la télé – sortez, prenez-y part. Trop de gens vivent leur vie par procuration, en regardant vivre les autres sur un écran. Ou même par personne interposée dans la vie réelle, en épiant les faits et gestes de leurs voisins. Le monde qui nous entoure, au-delà de nos murs et cloisons, est une vaste arène pleine de bruit et de fureur, de vie, d'énergie, de désirs, de passions. S'impliquer veut dire descendre dans cette arène et se jeter dans la mêlée, se faire une idée de ce qui s'y passe, de comment ça fonctionne et du sens que ça a. C'est confortable de regarder la télévision calé dans son fauteuil, on se sent au chaud, les pieds dans ses pantoufles. Tandis que là-bas, dehors, il peut faire froid et on risque sa peau. Mais au moins on se sent vivre.

Les gens se plaignent que la vie passe de plus en plus vite avec l'âge. Mais pour moi, plus on s'implique dans le monde et plus le temps se fait extensible, s'enrichit d'événements. Alors que devant la télé une soirée s'évanouit sans qu'il en reste rien.

S'impliquer veut dire coopérer, contribuer, participer. Pas question de rester en coulisses à regarder quelqu'un d'autre vivre votre vie à votre place. S'impliquer veut dire relever ses manches et mettre la main à la pâte pour en retirer une véritable expérience. S'impliquer veut dire entrer dans la danse, proposer son aide, se porter volontaire, transformer un intérêt théorique en intérêt réel, se mêler aux gens, leur parler. S'impliquer veut dire vivre des choses passionnantes – les vivre vraiment, pas les regarder sur un écran. S'impliquer veut dire aider les autres à vivre mieux et à aimer un peu plus leur vie que si vous n'aviez pas été là.

J'ai remarqué que les gens qui réussissent leur vie – c'est d'eux qu'il est question dans ce livre, et par réussite j'entends satisfaction et bonheur, et non célébrité ou fortune – sont ceux qui s'investissent dans des domaines qui ne leur rapportent pas un centime ni le moindre laurier. Des trucs qu'ils font pour le plaisir, pour donner un coup de main ou un coup de pouce à d'autres. Le temps, ils le trouvent en le faisant, pas en regardant encore plus la télé (je suis sérieux).

Ils se consacrent au soutien scolaire, deviennent délégués de parents d'élèves, secouristes, conseillers bénévoles. Ils adhèrent à des associations, groupes, cercles, clubs en tout genre. Ils sortent de leur coquille, se sentent partie prenante d'une communauté et s'amusent comme des fous. Ils se mettent en avant pour que ça change, pour partager un intérêt commun. Ils s'inscrivent à des cours du soir dans des matières complètement loufoques, et ils ne se prennent pas vraiment au sérieux. Il leur arrive peut-être même de regretter d'avoir mis le doigt dans l'engrenage d'une passion qui finit par les dévorer. Mais au moins ils sont là où ça bouge, au cœur des choses et de la vie.

S'impliquer veut dire relever ses manches et mettre la main à la pâte pour en retirer une véritable expérience.

Loi n° 88

Soyez moralement irréprochable

Cette Loi-ci est simple à énoncer mais sacrément difficile à suivre. J'en ai conscience ; en même temps je suis sûr que vous en êtes capable. C'est tout simplement une conception de la vie à changer : de celui qu'on était, on décide de devenir un autre, qui agit différemment.

Alors voilà, quoi qu'il vous en coûte, à partir de maintenant vous vous abstiendrez de :

- vous venger ;
- mal agir ;
- vous mettre très très en colère ;
- faire de la peine à quelqu'un ;
- agir à la légère ;
- être brutal ;
- être agressif.

Et ça, c'est le minimum. Vous allez vous appliquer à devenir un parangon de vertu. Vous serez toujours honnête, correct, bon, indulgent, gentil (quoi qu'on entende par ce mot). En toute circonstance, indépendamment des provocations. Quel que soit le défi qu'on vous jette. Même si on est malhonnête avec vous. Y compris quand les autres se conduisent mal. Jamais vous ne prendrez la moindre revanche. Vous resterez imperturbablement aimable, civilisé et moralement irréprochable. Vos manières seront impeccables. Votre langage digne et modéré. Rien de ce que les autres peuvent faire ou dire ne vous fera dévier de votre ligne de conduite.

Oui, je sais, c'est parfois difficile. Je sais, dans ce monde de brutes il vous faudra en prendre plein la gueule sans céder à l'envie de les écraser sauvagement d'un seul mot, et c'est vraiment, vraiment dur. Quand les autres vous en font voir, ça vous démange de leur rendre la monnaie de leur pièce, c'est naturel. Mais abstenez-vous. Une fois l'épreuve surmontée, vous serez si fier d'avoir gardé une moralité irréprochable que cette victoire-là sera infiniment plus enivrante que ne l'aurait jamais été la vengeance.

Je sais que la tentation est de se venger, mais vous n'y céderez pas. Ni maintenant, ni jamais. Pourquoi ? Parce que cela vous rabaisserait à leur niveau, vous mettrait dans le camp des bêtes et non dans celui des anges (*cf.* Loi n° 9), parce que ce serait déchoir, vous avilir, parce que le regretteriez, et enfin parce que si vous y cédiez vous ne seriez pas un adepte des Lois. La vengeance, c'est pour les perdants. Opter pour une moralité sans faille est la seule façon d'être qui en vaille la chandelle. Cela ne fait pas de vous une poire ou une mauviette. Cela signifie seulement que chacune de vos actions sera désormais digne, honnête et sans reproche.

> Cette victoire-là sera infiniment
> plus enivrante que ne l'aurait jamais
> été la vengeance.

Loi n° 89

Ayez un plan de carrière

Vous en êtes où, professionnellement ? Vous avez un projet ? un objectif ? ne serait-ce qu'un modeste but ? Si vous n'avez rien de tout cela, vous risquez de partir à vau-l'eau. Un projet vous donne davantage de chances d'aboutir à ce que vous voulez. Savoir où on va, c'est quatre-vingt-dix pour cent de la victoire. Cela veut dire qu'on y a réfléchi, qu'on a conscience de son avenir et qu'on lui a consacré toute son attention.

Quand vous aurez envisagé le long terme et décidé de la direction à prendre – et là, toutes les ambitions vous sont permises –, vous pourrez élaborer votre plan de campagne dans tous ses détails. Et une fois la marche à suivre définie, vous pourrez passer à l'obtention des moyens requis pour la mettre à exécution. De quoi avez-vous besoin : d'un complément de formation ? de plus d'expérience ? d'une réorientation ? d'un changement de méthode de travail ? Quoi que cela puisse être, allez-y. Ne stagnez pas. Ne restez pas coincé dans une impasse.

Nous avons tous besoin de gagner notre croûte. Rester chez soi vautré toute la journée devant la télé n'est pas une solution. Travailler garde l'esprit actif et alerte, fait rencontrer d'autres gens, et c'est aussi un défi quotidien. Croyez-moi, mieux vaut avoir un emploi que de ne pas en avoir du tout.

Sans projet, vous risquez d'aboutir n'importe où. Bien sûr, c'est l'aventure, mais je doute que quiconque ait jamais réussi sa vie par hasard.

Il faut se donner du mal en toute conscience, le vouloir. Et avoir un projet fait partie de cet effort conscient. Je sais que pour certains la chance joue un grand rôle, mais c'est une minorité. D'ailleurs, élaborer un projet et le mettre en œuvre tout en attendant le bon vouloir de la fortune ne signifie pas que celle-ci ne se manifestera jamais, ni que dans cette éventualité vous n'aurez pas la liberté d'envoyer votre projet par-dessus les moulins.

Faute de vous consacrer à un projet et à sa réalisation, vous courez sérieusement le risque de sombrer dans l'abattement et l'apathie. Les gens qui réussissent leur vie ont la niaque, et s'ils ne l'ont pas naturellement ils font ce qu'il faut pour la susciter. Ils font semblant, si on veut, mais ça suffit pour leur donner le coup de fouet nécessaire. Essayez, ça marche !

Rester chez soi vautré toute la journée devant la télé n'est pas une solution.

Loi n° 90

Regardez votre communauté avec du recul

Nous connaissons tous le phénomène des vagues : un caillou jeté dans l'eau, ça fait des vagues ; une parole jetée en l'air, ça fait des vagues ; une action, ça fait des vagues. Nous appartenons à une communauté humaine, petite ou grande, et notre comportement au sein de cette communauté fait des vagues qui à leur tour ont un effet sur d'autres gens. Tous ces autres gens jettent leurs propres cailloux dans l'eau, et les vagues ainsi créées nous affectent en retour. Il faut, de temps à autre, prendre du recul et rester un moment sur la rive à regarder de l'extérieur ces ricochets et ces tourbillons.

Votre communauté a un impact sur les autres communautés ; or c'est de vous – en partie – que dépend cet impact et leur effet sur les autres. Il incombe à chacun d'entre nous d'assumer la responsabilité de la communauté à laquelle nous appartenons. Si elle se conduit mal, si elle a un effet négatif sur les gens et si ses vagues les submergent, c'est à nous de prendre la parole et de le dénoncer. Si notre communauté en écrase une autre, il nous faut absolument réagir.

Pas question de faire comme si de rien n'était, ou de croire que nous n'avons pas le pouvoir de rien y changer. Ce pouvoir, nous l'avons. N'attendons pas que quelqu'un d'autre se lève à notre place pour mettre le holà. C'est à nous de le faire. Ne comptons pas sur les autres pour prendre toutes les décisions en espérant que ce soient les bonnes. Nous devons nous en mêler, prendre activement part au débat. Si nous laissons les autres décider pour nous, nous nous ferons mener comme un troupeau de moutons.

Tout ce que fait notre communauté – du plus minuscule village à la grande ville et jusqu'au pays tout entier – déclenche une série de vagues qui affectent la vie des autres. Si nous préférons fermer les yeux sur les souffrances causées par les faits et gestes du groupe auquel nous appartenons, cela n'échappera à personne et la moisson de ce que nous aurons semé sera amère. Nous devons assumer notre responsabilité et prendre en compte les conséquences. Nous devons nous impliquer dans ce qui se passe. À nous de contribuer non pas au problème, mais à la solution.

Tout ce que fait notre communauté
déclenche une série de vagues.

Loi n° 91

Considérez l'impact de votre activité professionnelle

De même que votre communauté affecte le reste du monde, votre activité professionnelle a un impact. De nos jours, on ne peut plus exercer un emploi sans réfléchir à la nature de cet emploi et à ses effets, c'est une question de sécurité et d'éthique. Je ne vais pas vous demander quelle est votre profession ; c'est à vous seul de vous interroger là-dessus. Pour ma part, je suis conscient que mon activité d'écrivain risque de causer la destruction de beaucoup d'arbres. En contrepartie, ce que j'écris peut avoir un effet positif sur mes lecteurs (du moins je l'espère), et la fabrication de mes livres entretient des emplois. Ah ! sauf que je n'ai aucun contrôle sur les conditions de travail des personnels concernés, alors je n'en suis pas responsable. Ou bien le suis-je ?

L'impact environnemental de mon activité consiste donc en arbres abattus, en énergie électrique dépensée pour éclairer mon bureau et en pollution causée par la livraison de mes ouvrages aux librairies, entre autres. Et vous ? Avez-vous récemment manipulé des déchets toxiques ? conçu un système de radioguidage de missiles ? fait abattre des pans entiers de forêt amazonienne ? Ou est-ce que votre travail fournit un service essentiel à la société, un produit d'importance vitale ? Contribue-t-il à rendre les gens plus heureux, à améliorer leur santé, à accroître leurs performances ?

La profession que nous exerçons a un impact. Il peut s'agir d'une industrie polluante, dangereuse, malodorante et néfaste. Ou, au contraire, d'une activité d'assistance à autrui. Le fait de savoir que notre activité a un effet, positif ou négatif, n'implique pas que nous devons immédiatement démissionner et changer d'emploi. Pas plus que nous ne pouvons nous endormir sur nos lauriers sous prétexte que nous travaillons dans le secteur des services à la personne.

Chaque emploi, chaque industrie étend des ramifications, bonnes et mauvaises. Chacun de nos gestes au travail peut être bénéfique ou néfaste. Nous avons le devoir d'évaluer l'ensemble et de faire le point. Si quelque chose nous gêne, libre à nous de quitter notre emploi. Mais ne nous précipitons pas, car c'est de l'intérieur que nous avons le plus de chances de faire bouger les choses.

J'ai jadis travaillé quelque temps dans l'industrie ; les conditions de sécurité laissaient beaucoup à désirer et je le savais, aussi avais-je adopté pour ligne de conduite de demander innocemment : « Si un journaliste met son nez là-dedans, comment la boîte s'en sortira-t-elle ? » Je ne tirais pas sur la sonnette d'alarme, je ne prenais personne à partie, je posais seulement la question. Mais j'attirais par là même l'attention sur le fait que tout n'était pas réglementaire, loin de là. Rien ne vous empêche d'en faire autant. À moins que vous ne puissiez user de votre influence ou de votre pouvoir d'intervention pour améliorer vous-même les choses, ne serait-ce qu'un tant soit peu.

Je suis conscient que mon activité d'écrivain risque de causer la destruction de beaucoup d'arbres.

Loi n° 92

Soyez un professionnel compétent

Notre comportement au travail influence nos collègues. Nous avons besoin de nous fixer des normes, et, bien sûr, de nous y tenir. Il est évidemment indispensable d'être correct, honnête et digne de confiance. Voici quelques autres notions qui vous aideront à réussir brillamment.

- Considérez votre vie professionnelle comme importante et acquittez-vous-en du mieux que vous pouvez. Ne stagnez pas, mais continuez à vous former, maintenez-vous à l'avant-garde de votre activité et de son évolution. N'hésitez pas à assurer des heures supplémentaires s'il le faut, mais n'ayez pas l'air de vous échiner ; une attitude décontractée vous vaudra davantage de respect.
- Soyez constamment à l'affût de ce que vous pouvez faire pour améliorer non pas seulement votre sort mais le sort commun. Pensez « nous » plutôt que « je ». Vous êtes membre d'une équipe, à vous de vous y adapter et d'en faire partie intégrante, effectivement et efficacement.
- Tâchez de répandre un peu de bonne humeur autour de vous. Ne dénigrez pas les autres. Prenez la défense des faibles. Félicitez sincèrement vos collègues quand ils le méritent. Ne colportez pas de ragots. Gardez vos opinions pour vous et ayez l'air détaché, cela vous vaudra des promotions.
- Habillez-vous avec goût et tâchez de faire bonne impression. Soyez exigeant sur la qualité de votre travail, sans mégoter sur les heures.

Si possible, n'allez pas au bureau pour somnoler, piquer des stylos ou draguer vos secrétaires. Vous êtes là pour bosser, bon sang.

- Tâchez d'être cordial avec vos collègues, ils sont aussi paumés que vous avez pu l'être au début. Fichez-leur la paix, laissez-les faire leurs preuves tranquilles. Encouragez-les par l'exemple. Soyez un modèle pour les nouvelles recrues. Essayez de comprendre votre patron et d'envisager la situation du point de vue de l'entreprise.
- Apprenez le code de la vie d'entreprise, sans mettre le doigt dans l'engrenage, bien sûr, mais pour vous en servir dans votre propre intérêt. N'ayez pas peur de vous pousser en avant et de vous porter volontaire (du moment que vous savez pour quoi) ; rechigner à la tâche ne rapporte pas de lauriers. Mettez au contraire votre point d'honneur à être efficace.
- Soyez conscient de vos limites. Sachez dire non, et un « non » ferme. Ne laissez personne exploiter votre bonne volonté. Affirmez-vous, sans pour autant vous montrer agressif.
- Prenez plaisir à ce que vous faites, passionnez-vous pour votre travail. Et amusez-vous bien.

Il est évidemment indispensable d'être correct, honnête et digne de confiance.

Les Lois pour la planète

Nous allons maintenant changer d'échelle. Dans les Lois concernant votre couple, nous avons vu qu'il fallait vous réjouir de vos points communs plutôt que de mettre en épingle vos différences. Eh bien en grand, toutes proportions gardées, la même chose est vraie. À l'échelle du globe, nous sommes tous des humains, nous habitons tous cette merveilleuse planète. Que vous le croyiez ou non, il y a entre nous bien moins de différences que de choses en commun.

Nous occupons chacun notre bout de terre. À grande échelle, ceux-ci ne se valent pas : certains sont chauds, d'autres froids, certains humides, d'autres secs. Et pourtant nous nous débrouillons quand même pour nous disputer le plus grand, le meilleur, le plus au sec, le plus riche en pétrole, le moins peuplé. Nous sommes très tristes. Si nous n'apprenons pas à partager, tout cela nous sera confisqué et ne nous sera jamais rendu.

Le bout de terre qui est le nôtre, nous ne sommes pas fichus de le tenir propre, à quelque échelle que ce soit. Et il ne s'agit pas que de la terre ; nous trouvons aussi moyen de balancer un nombre incroyable de cochonneries dans les rivières, et des déchets toxiques dans les océans. La mer, qui est pour nous une source de nourriture, nous la polluons au point de ne même plus pouvoir nous baigner dedans. Nous y vidons nos fosses d'aisances. Quel message cela donne-t-il à ses habitants ?

Quand nous ne sommes pas en train de nous chamailler pour la possession du territoire ou de souiller le morceau qui nous est échu, ce sont nos croyances qui deviennent des pommes de discorde. Et tout ça pour quoi ? Sous prétexte que mon dieu à moi est plus grandiose, plus puissant, plus magique, plus omniprésent que celui du voisin ?

C'est en gros de cela que vont traiter les Lois faisant l'objet de cette dernière partie : faire le ménage après notre passage ; tâcher de nous entendre avec nos petits camarades ; apprendre à partager et à faire place nette derrière nous ; ne pas jouer les petits tyrans.

Si vous avez autre part où aller, une autre planète à coloniser quand celle-ci sera devenue inhabitable, libre à vous de sauter ces pages.

Loi n° 93

Soyez conscient des dommages que vous causez

Cette Loi ne signifie pas que vous ayez à faire quoi que ce soit pour le moment. Tout ce qui vous est demandé, c'est de décider par un acte conscient d'évaluer votre impact sur l'environnement, sur le monde, pour savoir s'il est positif ou négatif. À la lumière de cette évaluation, vous choisirez peut-être de changer quelque chose à vos habitudes – ou de ne pas le faire, soit parce que vous vous en fichez, soit parce que vous vous trouvez déjà assez « vert » comme ça.

J'ai écrit « ne faites rien pour le moment », parce qu'il est trop facile de se jeter tête baissée dans l'action sans disposer de toutes les données du problème. Or vous devez savoir si les changements que vous envisagez ont une chance d'améliorer la situation ou risquent de la rendre pire. Par exemple, quand mon plus jeune fils est né, je m'inquiétais sérieusement de la pollution causée par les couches jetables ; apparemment, il leur faut au moins cinq cents ans pour se décomposer. Mais les multiples lessives nécessitées par les couches en tissu – avec la dépense en eau, en électricité, en détergents, etc., que cela suppose – ne me rassuraient pas davantage : certains disent que l'impact sur l'environnement est aussi négatif dans un cas que dans l'autre. Le problème, c'est qu'il faut bien choisir l'une des deux solutions, faute de quoi ce sont nos tapis qui subissent un impact négatif…

Vous pourrez ainsi remettre en cause votre véhicule ; votre mode de chauffage ; votre destination de vacances (les avions ne sont en aucun cas un moyen de transport écologique) ; vous demander si vous triez vos déchets ; si ce que vous mettez au rancart pourrait servir à quelqu'un d'autre, et ainsi de suite. Je vous laisse dresser la liste, ça ne regarde que vous (je ne vais surtout pas vous donner une leçon là-dessus) ; mais c'est une bonne chose d'avoir conscience de ces problèmes et d'essayer de réduire son impact au maximum.

Ce sujet rejoint le grand thème sous-jacent à toutes les Lois : la nécessité de vivre sa vie les yeux bien ouverts, en toute lucidité, pleinement conscient des conséquences de ses actes, sur l'environnement comme sur son entourage humain. On n'est pas obligé de devenir irréprochable, mais il faut quand même méditer un peu sur la question.

Je crois que l'ère du laxisme est révolu et qu'il est grand temps de prendre notre impact très scrupuleusement en compte. Une fois le bilan établi, nous aurons peut-être envie de procéder à quelques changements pour l'améliorer. Si chacun faisait ne serait-ce qu'un petit effort, cela ferait une grande différence.

On n'est pas obligé de devenir irréprochable, mais il faut quand même méditer un peu sur la question.

Loi n° 94

Œuvrez à la gloire de l'humanité

Nous avons le choix : soit faire honneur à l'humanité en œuvrant à sa gloire, soit tenter de la précipiter dans la déchéance. Shakespeare a contribué à sa gloire, un squat de drogués contribue à sa déchéance. Une fête de village battant son plein par une chaude journée d'été œuvre à sa gloire, un braquage de voyous contribue à sa déchéance. Œuvrer à la gloire de l'humanité n'interdit pas le piquant ou le panache : certes, le porno est du côté de la déchéance, mais un saut en parachute au bénéfice d'une association de bienfaisance est du côté de la gloire, et un bon film érotique peut l'être aussi. Vous voyez ce que je veux dire ?

Tout ce qui nous grandit, nous fait tendre vers la perfection, nous rend meilleurs, nous lance un défi à relever, nous remplit d'une excitation féconde, nous amène à nous dépasser et nous fait émerger en pleine lumière, tout cela œuvre à la gloire de l'humanité.

Alors, de quel côté êtes-vous ? Celui de la gloire ou celui de la déchéance ? Le premier, sûrement. Seulement, j'ai en ai peur, vous allez croire que je vous parle d'être vertueux, et la vertu n'a pas bonne presse. On nous a rabâché toute notre vie que la vertu c'est mortellement ennuyeux, que c'est un truc de mauviette, de grenouille de bénitier et de gourou en sandales. Alors, être vertueux, ça n'a rien de bien attirant. Jadis, à l'école, si vous étiez sage comme une image vous vous faisiez rosser. Au travail, si vous êtes consciencieux on vous traite de fayot.

Ma foi, choisir le bien, œuvrer pour la gloire de l'humanité, c'est une affaire personnelle. Vous n'avez pas besoin d'en parler à qui que ce soit. Si vous n'en dites rien, vous faites preuve de vertu. Si vous vous en vantez, vous jouez les petits saints. Si vous faites du prosélytisme, vous vous prenez pour un réformateur. Alors décidez d'œuvrer à la gloire de l'humanité, mais n'en soufflez mot à personne.

Décidez d'œuvrer à la gloire de l'humanité, mais n'en soufflez mot à personne.

Loi n° 95

Contribuez non au problème, mais à la solution

Choisir le bien, œuvrer pour la gloire de l'humanité, c'est bien mais il faut aller plus loin que cela. Il faut passer résolument à l'action positive. Parce que si on ne fait rien, notre monde, cette fabuleuse planète qui est la nôtre, est bel et bien fichu. Selon un article que je lisais l'autre jour, le destin de l'île de Pâques est l'exacte préfiguration du triste sort qui nous attend.

L'île de Pâques a été colonisée par une ethnie polynésienne voilà quelque cinq cents ans. Les colons avaient trouvé là une terre couverte de forêts luxuriantes, fourmillant de vie sauvage. En l'espace de quelques années, ils ont décimé le gibier et abattu tous les arbres. Ils ont aussi pollué les rivières et se sont retrouvés en voie d'extinction. La seule chose qui les a sauvés, c'est le tourisme*.

La planète Terre n'est pas une destination touristique. Personne ne va venir nous sauver pour le plaisir de pouvoir nous prendre en photo. Nous avons intérêt à commencer dès maintenant à contribuer à la solution au lieu de faire empirer le problème, d'ajouter au massacre et à la destruction. Et commencer à contribuer à la solution, c'est d'abord élever la voix. Cesser de faire empirer le problème, c'est cesser de dire « Je ne fais que mon devoir » ou « Ça fait partie de mon boulot ». Il serait tout de même temps d'arrêter les dégâts avant que la planète

---

* Mon récit des faits n'est peut-être pas rigoureusement exact ; ne le prenez pas au mot, c'est une métaphore.

ne soit réduite à l'état de parc d'attractions pour extraterrestres – qui n'ont pas encore montré leur nez de toute façon.

Donc cette Loi prescrit de se mettre à chercher ce qu'on peut faire, à son niveau, pour contribuer à la solution. Il faut s'impliquer, s'engager, lever le cul de sa chaise, trouver des remèdes et *agir*, bon sang. Si vous voulez que votre vie soit juste, utile, féconde et qu'elle ait un sens, vous devez rendre un peu ce qu'elle vous donne. Il faut rembourser votre prêt et le réinvestir dans la vie. Et cela signifie se préoccuper de la situation et avoir à cœur de l'améliorer.

Parce que si on ne fait rien,
cette fabuleuse planète qui est la nôtre
est bel et bien fichue.

Loi n° 96

Demandez-vous ce que l'histoire retiendra de vous

Alors, qu'est-ce que l'histoire va retenir de vous ? À votre avis, en votre âme et conscience, quelle épithète s'accolera à votre nom quand vous ne serez plus ? Je ne parle pas de l'épitaphe qu sera gravée sur votre tombe, mais de ce qui sera inscrit dans le Grand Livre de l'univers. Personnellement, je ne crois pas que je mérite de figurer même en toutes petites lettres dans une note de bas de page. Mais au cas où, j'aimerais rester dans l'histoire comme quelqu'un qui a essayé, qui a fait ce qu'il a pu pour faire bouger les choses. Qui a exprimé ses opinions haut et fort, défendu ses valeurs et ses droits. J'aimerais que l'histoire mentionne que j'ai bougé mes fesses et que je me suis mis debout – ça me suffirait.

Et vous, mes amis, quel est votre vœu ? Que croyez-vous l'histoire dira de vous ? Et qu'aimeriez-vous qu'elle dise ? Entre les deux, y a-t-il une grosse différence ? Êtes-vous à même de la combler ? Pour cela, que devez-vous faire ? Réfléchissez au souvenir que vous laisserez en tant que personne et pour vos actions.

Si nous voulons que notre vie soit réussie, il faut veiller à ce que nos successeurs héritent d'un monde meilleur que celui dans lequel nous sommes nés. Vous vous rappelez tous ces livres sur l'autarcie qui faisaient fureur dans les années 1970* ? Un des concepts clefs qu'ils

* Eh oui, moi aussi j'y ai cru. Moi aussi je suis parti vivre à la campagne, manger des lentilles et faire mon yoghourt. Ça n'a pas fait long feu – pour moi en tout cas.

avaient en commun était que, si vous deveniez agriculteur, il fallait mieux gérer votre terre que ceux qui l'avaient cultivée avant vous. Il fallait l'amender. Eh bien, on peut en dire autant du monde. Nous devons tous faire un effort conscient pour l'améliorer avant de le quitter. Nous devons prendre la responsabilité de ce qui nous a été donné et en faire meilleur usage avant de céder la place aux suivants.

Dirons-nous à nos enfants, en montrant les océans pollués, les rivières asséchées, les calottes glaciaires fondues : « Un jour, tout cela sera à vous – oh, excusez-nous de vous le laisser dans cet état » ? Ils auraient de bonnes raisons pour se mettre un peu en colère. L'histoire serait en droit de nous ravaler au rang de vermine. Nous avons détruit, pollué, massacré, bref, il n'y a pas de quoi être fier. Mais chacun d'entre nous, individuellement, peut agir. Chacun d'entre nous doit agir. Chacun d'entre nous aura à rendre des comptes à l'histoire.

Le problème, c'est que beaucoup de gens ne se donnent pas la peine de changer parce qu'ils sont persuadés qu'ils ne seront pas tenus pour responsables. Ils croient pouvoir assassiner impunément dès que tout le monde a le dos tourné. Eh bien ceux-là, l'histoire leur réglera leur compte, ça ne fera pas un pli.

L'histoire serait en droit
de nous ravaler au rang de vermine.

Loi n° 97

Ouvrez l'œil, et le bon

Les forêts vierges de l'Amazonie et d'ailleurs sont en train de disparaître à un rythme alarmant. Les États se font la guerre, les uns aux autres ou à leur propre peuple, à l'aide d'armes que lui ont vendu des États plus riches qu'eux. Des populations meurent de faim parce que leurs dirigeants dépouillent le pays de ses ressources pour s'en mettre plein les poches. Les catastrophes naturelles font des ravages parce que, partout, des compagnies immobilières avides de profit construisent dans les zones à risques. La terre entière est polluée. C'est peu dire que les choses empirent, elles sont toujours allées mal, mais le désastre devient galopant. Individuellement, notre pouvoir d'intervention est minime. Mais collectivement, en unissant nos efforts, nous pouvons accomplir de grandes choses.

Sur un plan individuel, nous pouvons commencer par réfléchir aux produits que nous achetons, à leur provenance, à leur mode de fabrication, à leurs conditions de culture, de récolte, de production. Nous pouvons tous peser un petit peu dans la balance en boycottant les pays qui se conduisent mal. Nous pouvons faire pression sur nos élus pour induire des changements. Nous avons une voix, à nous de la faire entendre. Nous devons être lucides sur le lieu où nous vivons et sur notre mode de vie.

Par exemple, il y a des gens qui se font construire une maison dans un petit village traversé par une voie à grande circulation, après quoi ils se plaignent du trafic et remuent ciel et terre pour obtenir une rocade de détournement. Je me demande toujours pourquoi ils sont venus se fourrer là : ils étaient au courant, non ?

Et les lignes à haute tension ! Personnellement, jamais je ne m'installerais dessous ni à côté. Il est maintenant prouvé qu'elles représentent un danger pour la santé, ce qui n'a rien d'étonnant. Et ceux qui vivent dans le voisinage immédiat sont catastrophés ! Mais à quoi s'attendaient-ils ? Ils croyaient que les pylônes allaient améliorer leur qualité de vie ? Désolé de les critiquer, ce n'était pas mon intention, mais je n'en reviens pas de constater à quel point les gens agissent comme des somnambules puis se réveillent en sursaut en se demandant ce qui leur arrive. Prenez le contrôle de votre vie. Soyez responsables. Et quand vous quittez la pièce, éteignez la lumière.

> Collectivement, en unissant nos efforts, nous pouvons accomplir de grandes choses.

Loi n° 98

Tout ne peut pas être cent pour cent « vert »

Je viens d'entendre parler d'un type* qui vient de mettre au point des chaussures qui rechargent la batterie de votre téléphone mobile pendant que vous marchez. Génial. J'en voudrais bien une paire, seulement elles ressemblent à des godillots de trekking : elles sont conçues pour les zones désertiques ou montagneuses dépourvues d'installations électriques. Eh bien, j'en achèterai quand elles auront l'air de chaussures de ville. Tout ne peut pas être « vert » à cent pour cent. On ne peut pas toujours être aussi écolo qu'on le voudrait.

Oui, je sais, je viens de faire tout un plat de l'état dans lequel nous avons mis le monde. Mais je vais vous accorder une petite excuse : tout ne peut pas être « vert ». Le zéro impact n'existe pas. Une certaine pollution est incontournable. On ne peut pas éviter tous les dommages. La population humaine est en nombre colossal – des milliards d'individus –, il faut bien vivre et cela ne peut pas être sans effet. Les dégâts, il y en aura toujours. Notre rôle est de les limiter, mais croire qu'on peut les éviter totalement est une utopie. C'est juste une question d'équilibre et de priorités.

Il n'est pas réaliste d'exiger l'élimination de tous les véhicules à moteur thermique de la surface du globe ; cela n'arrivera jamais. Cela dit, nous pouvons choisir d'acheter des véhicules construits à l'aide de matériaux recyclables, qui soient moins gourmands en carburant, dont les

* Il s'agit de Trevor Bayliss, l'inventeur de la radio à chargeur dynamo.

émissions de gaz polluants soient plus contrôlées. Mais ils ne seront jamais totalement écologiques, c'est impossible.

Si nous nous précipitions en masse pour porter secours à une zone sinistrée, tous nos avions émettraient d'énormes quantités de gaz à effet de serre. Nous sommes ainsi confrontés en permanence à des choix : quel moyen de transport prendre pour aller au travail, comment chauffer nos maisons, quels vêtements porter, comment nous nourrir. Personne ne peut être aussi « vert » qu'il le souhaiterait, rien ne peut être aussi « durable » qu'on le voudrait.

Si nous arrivons à freiner les effets néfastes, si chacun de nous fait ce qui est à sa portée, si nous parvenons à une prise de conscience collective de notre impact sur l'environnement, ce sera déjà quelque chose. Mais cela ne pourra pas être parfait. Les choses ne changeront pas du jour au lendemain. Si vos efforts pour vivre « vert » vous stressent à mort et vous pourrissent la vie (essayez seulement de faire vos courses sans rien acheter qui soit en plastique, et vous verrez tout de suite ce que je veux dire), laissez tomber. Faites un effort, mais résignez-vous à ne jamais atteindre le cent pour cent. Mais n'en faisons pas moins tout ce que nous pouvons, chaque petit geste compte.

On ne peut pas toujours être aussi écolo qu'on le voudrait.

Loi n° 99

Rendez un peu de ce que vous avez reçu

Je suis convaincu que nul d'entre nous n'a demandé à naître et que ce monde n'a pas non plus la moindre obligation envers nous. Mais nous ne lui en devons pas moins une fière chandelle. C'est sûr, nous voilà sur cette terre sans qu'on nous ait laissé le choix. Mais tout nous y est offert sur un plateau : le vivre et le couvert, l'éducation, la stimulation, les distractions, et l'émerveillement en sus. Nous sommes libres d'agir à peu près à notre guise. Nous pouvons puiser dans toutes les ressources qu'offre ce monde. Et elles sont gigantesques.

Nous pouvons prendre tant et plus, rien ne nous l'interdit. Alors, si nous redonnons un peu aussi, nous dormirons plus tranquilles. Enrôlez-vous donc dans les équipes de volontaires chargés de faire le ménage de la salle après le spectacle.

Donnez sans compter. Soyez généreux de votre générosité même. Donnez, pas nécessairement de l'argent, mais votre temps, vos soins. Si vous avez un talent particulier, mettez-le au service des autres. Si vous disposez de matériel, de locaux, prêtez-les à ceux qui en auraient besoin. Si vous avez le pouvoir d'amener des changements positifs, mettez-le en œuvre. Si vous possédez une influence, utilisez-la.

Et si vous n'avez rien de tout ça ? Je suis sûr que chacun de nous peut agir selon ses moyens. Il suffit de s'en donner la peine, se creuser un peu la tête, trouver des idées de « remboursement » de notre dette envers le monde.

Devenir missionnaire ou bénévole d'une organisation humanitaire n'est pas à la portée de tous, mais chacun pourrait parrainer un enfant. On n'a pas forcément le loisir de faire de sa maison un refuge pour SDF, mais on peut transformer un coin de son jardin en miniréserve de biodiversité. Il est difficile d'être à cent pour cent « bio », mais on peut veiller à trier ses déchets ou faire son enquête sur les marques dont on achète régulièrement les produits.

Je crois que chacun a le devoir de s'interroger : « Est-ce que ma présence dans ce monde le rend plus riche ? Est-ce que je laisserai ce lieu en meilleur état quand je le quitterai ? Est-ce que j'aurai contribué à rendre la vie de quelqu'un plus facile ? Est-ce que j'aurai rendu un peu de ce que j'ai reçu ? »

> Si nous redonnons un peu aussi,
> nous dormirons plus tranquilles.

Loi n° 100

Inventez une nouvelle Loi chaque jour – enfin, presque…

Voilà, on a à peu près fait le tour : 99 Lois pour une vie plus riche et plus épanouie. Une paille. Mais ne croyez pas en être quitte pour si peu. Il n'y a pas de répit, pas de pause café pour les adeptes des Lois. Vous pensiez avoir tout pigé et pouvoir passer à autre chose ? Eh bien c'est raté : ça ne s'arrête pas là. À vous de vous montrer inventif, créatif, imaginatif, original, plein de ressources. Cette dernière Loi prescrit en effet de ne pas se reposer sur ses lauriers mais de continuer à inventer des Lois nouvelles, de broder sur le thème, de le cultiver, l'enrichir, l'améliorer, le développer. Ces Lois sont là comme tremplin. Elles ne constituent pas une révélation, mais sont davantage un pense-bête, un point de départ, un témoin à saisir et à transmettre en relais.

Je me suis efforcé d'éviter les lieux communs (Le temps guérit tout), l'humour vaseux (Ne laissez pas de pourboire à quelqu'un s'il ne vous voit pas faire), l'utopie (Aimez le monde entier), les débilités (Tendre l'autre joue, tu parles, deux baffes pour le prix d'une, il vaut mieux se tirer), les platitudes (Tout le monde il est beau, tout le monde il est gentil), les inexactitudes manifestes (Les victimes, ça n'existe pas) et l'irréalisable (Passez trente-cinq ans dans une grotte et vous découvririez le secret de l'univers). J'ai aussi évité les banalités (Ça peut s'arranger du jour au lendemain – ce serait bien la première fois) et les conseils mal venus (Ne vous mettez pas en colère, vengez-vous).

J'espère que vous en ferez autant quand vous formulerez vos propres Lois. Le principal, c'est de continuer à en trouver d'autres. Chaque fois que vous apprenez quelque chose de nouveau, que ce soit à force d'observation ou sur une illumination subite, assimilez la leçon et voyez si vous pouvez en tirer une Loi pour un usage futur.

Tâchez d'en trouver une par jour – enfin, presque. Et si vous voulez bien m'en faire part, je serais réellement curieux de savoir ce que vous allez inventer. C'est passionnant d'être un adepte des Lois, et surtout d'essayer de repérer vos collègues. Mais, quoi que vous fassiez, gardez-le pour vous. Gardez-le en lieu sûr, gardez-le secret – sauf pour moi (courriel en anglais) : *Richard.Templar@Richard.Templar.co.uk*

Être un adepte des Lois nécessite du dévouement, beaucoup d'efforts, de la persévérance, de l'ardeur, de l'ambition, de l'enthousiasme, du dévouement et même de l'obstination. Poursuivez dans cette voie et vous vivrez une vie heureuse, féconde et accomplie. Mais n'exigez pas trop de vous-même. Nous faisons tous des erreurs de temps en temps, personne n'est parfait, et moi moins que tout autre. Alors amusez-vous bien, et bonne chance !

Ces Lois sont un pense-bête, un point
de départ, un témoin à saisir et
à transmettre en relais.